DEUTSCHLAND
IST BEDROHT

Düzen Tekkal

DEUTSCHLAND IST BEDROHT

Warum wir
unsere Werte
jetzt verteidigen
müssen

Unter Mitarbeit
von Ulrich Gutmair

BERLIN VERLAG

Mehr über unsere Autoren und Bücher: www.berlinverlag.de

MIX
Papier aus verantwor-
tungsvollen Quellen
FSC® C083411

ISBN 978-3-8270-1328-6
© Berlin Verlag in der Piper Verlag GmbH, München/Berlin 2016
Alle Rechte vorbehalten
Umschlaggestaltung: ZERO Werbeagentur, München
Gesetzt aus der Centennial und Eurostyle von Fagott, Ffm
Druck und Bindung: CPI books GmbH, Leck
Printed in Germany

*Für meine Mutter Fatma,
und meinen Vater Seyhmus,
die mir Wurzeln und
Flügel gegeben haben*

Inhalt

Vorwort 9

I

Die Reise, die mein Leben verändert hat 17
Als Kriegsberichterstatterin im Irak 21
Jesidin sein 37
Krieg macht ehrlich 51
Hilferuf 59
Die Macht der Begegnung 67

II

Das große Migrationsdrama 85
Goethe, Kafka und die verlorenen Migranten 95
Ein Löwe ist ein Löwe 105
Das schwarze Schaf 119
Was macht ein Kanake bei RTL? 139

III

Muslime, hinterfragt eure Werte! 161
Auf der anderen Seite 177

Das Erbe von Multikulti   193
German Dream statt *German Angst*   203

Schluss: Vom Ich zum Wir   217

Dank   223

Vorwort

Weil ich Jesidin bin und die demokratischen Werte verteidige, erhalte ich Todesdrohungen. Eine große Kinokette will meinen Film über die Verbrechen des »Islamischen Staates« (IS) nicht zeigen – aus Angst vor Anschlägen. Ein Bürger, der die Produktion meines Films unterstützt hat, möchte im Abspann nicht namentlich genannt werden – aus Angst vor Repressalien. Die Angst zieht sich heute wie ein roter Faden durch mein Leben. Dabei bin ich eigentlich kein ängstlicher Mensch. Aber ich spüre die Angst überall. Ich spüre, wer sie verbreitet, wer Angst hat, wer etwas zu verlieren hat. Angst schafft Unruhe und verbreitet Unsicherheit. Angst lähmt uns, und sie nimmt uns die Freiheit. Was ich um mich herum erlebe, bringt mich zu dem Schluss: Das Fundament unseres Zusammenlebens ist bedroht. Deutschland ist bedroht. Das klingt hart, und viele denken insgeheim: »Mich und meine Familie wird es schon nicht treffen. Das geht mich nichts an.«

Die Bedrohung betrifft nicht nur diejenigen, die sich laut äußern. Die Bedrohung fängt im Persönlichen an, doch sie erstreckt sich auf unsere demokratische Gesellschaft als Ganzes. Sie beginnt, wenn ich lese, was hasserfüllte muslimische Hardliner in den sozialen Netzwerken über mich schreiben. Wenn Journalisten auf mich zukommen und sagen: »Sie werden massiv bedroht.« Wenn ein Salafistenprediger wie Pierre Vogel öffentlich behauptet, ich mache den Islam als Religion schlecht, dann tut er das, weil er darauf spekuliert, dass manche Leute mich zu hassen beginnen. Was er sagt, ist eine Lüge, die gefährlich für mich ist. Aber es gibt nichts, was ich dagegen tun könnte. An einem Ort wie Dinslaken, wo gewaltbereite Salafisten ihr Unwesen treiben, werden kritische Journalisten wie ich schon lange mit bösen Blicken und giftigen Bemerkungen verfolgt. Was habe ich verbrochen?

Anfangs galt das, was ich tue, als mutig. Inzwischen heißt es, ich begebe mich in Gefahr. Ich gehe ein persönliches Risiko ein, wenn ich die Wahrheit sage. Die Frage ist: Wenn ich der Angst gehorche und mich still verhalte – geht es mir dann besser? Die Antwort lautet: Nein. Viele in diesem Land trauen sich nicht mehr, ihre Meinung zu äußern. Andere müssen unter Einsatz ihres Lebens zu ihr stehen. Aber wenn wir als Bürger dieses Landes meinen, wir würden sicherer leben, wenn wir uns aus den Konflikten heraushalten, dann unterliegen wir einem fatalen Irrtum. Wir müssen vielmehr wieder sprechen lernen.

Seit ich gesehen habe, was Ungerechtigkeit und die Verweigerung von Religionsfreiheit mit Menschen machen, verteidige ich dieses Land. Der Völkermord, den der IS an den Jesiden im Nordirak verübt hat und den ich mit eigenen Augen gesehen habe, hat mich mutig gemacht. Wir sollten dankbar sein, dass wir in einem Rechtsstaat leben, in dem die Menschenrechte nicht mit Füßen getreten werden, in einem Staat, in dem wir alle Möglichkeiten haben, zu partizipieren und zu gestalten. In anderen Ländern wird man umgebracht, wenn man sich für diese Rechte einsetzt.

Wenn Deutschland bedroht ist, stehe ich auf. Das tue ich auch mit diesem Buch: Es ist ein Aufruf, sich zu wehren. Wir müssen uns als neue und als alte Deutsche gemeinsam neu definieren. Wir müssen Entschlossenheit zeigen gegenüber den bösen Zwillingen, den rechtsextremen wie den islamistischen Feinden der Demokratie. Wir müssen aufhören, unpolitisch zu sein. Wir müssen uns unsere Rechte nehmen und sagen: Es geht mich etwas an, was da draußen passiert. Ich mache das zu meiner Sache.

Junge Menschen, die in diesem Land geboren sind, erliegen der Propaganda gewaltbereiter Salafisten und des IS. Wenn junge Männer nach Syrien reisen, um im Dschihad zu sterben, wenn die Mädchen ihnen folgen, um einen islamistischen Kämpfer zu heiraten, dann ist das ein Problem, das uns alle betrifft. Mit diesen fanatisierten Jugendlichen exportieren wir den Terror in die Länder des Mittleren Ostens, deren Schicksal uns zu lange gleichgültig war. Diese jungen Menschen sind Opfer einer Ideologie, die Religion in den Dienst der Politik stellt und sich dabei auf konservative Auslegungen des Islam stützen kann.

Umgekehrt importieren wir den Terror nach Deutschland, indem wir islamistischen Fundamentalisten Einlass in unser Land gewähren. Es ist nicht die große Zahl der hierher geflüchteten, bedrohten und verfolgten Menschen, die mir Sorgen bereitet. Die meisten von ihnen sind dankbar, dass sie in Deutschland Schutz gefunden haben. Mir geht es um die Hardliner, die – unregistriert und mit falscher Identität ausgestattet – in unser Land kommen. Sie nutzen die Wege der Flüchtlinge, um in Deutschland unterzutauchen.

Zugleich radikalisiert sich eine Allianz aus NPD und Pegida. Beinahe jeden Tag müssen wir erleben, dass Flüchtlingsheime angezündet und Anschläge auf Asylsuchende verübt werden. Menschen, die vor dem Terror des IS und den Fassbomben Assads zu uns geflohen sind, werden in Deutschland erneut angegriffen und bedroht. Auch diejenigen, die sich für Flüchtlinge engagieren, sind vor verbalen und physischen Attacken nicht mehr sicher.

All das führt uns vor Augen, dass wir ein Integrationsproblem haben, das nicht nur Migranten betrifft: Es gibt zu viele Menschen in diesem Land, die unsere demokratischen Werte nicht teilen. Und was tun wir? Nur zu gern überlassen wir die Politik den Profis und den Extremisten. Wir meckern, wenn es nicht so läuft, wie wir uns das vorstellen. Für mich grenzt ein solches Verhalten an unterlassene Hilfeleistung. Selbstverantwortung und politisches Bewusstsein sind für mich Bürgerpflicht. Ich weiß, dass ich selbst die Verantwortung für mein Leben trage, und nehme mir das Recht auf eine politische Meinung und auf politische Teilhabe. Das nenne ich demokratische Machtausübung. Wer sich dieses Recht nimmt, kann die Entwicklung beeinflussen, kann Prozesse in seinem Sinn gestalten.

Wir alle müssen uns heute fragen, in welcher Welt wir leben und in welche Welt wir unsere Kinder entlassen wollen. Wir müssen endlich aus unserem Traum erwachen und von der rosaroten Wolke herunterkommen, auf der wir es uns schon zu lange bequem gemacht haben. Wir müssen die Augen aufmachen und erkennen, was um uns herum los ist. Was wir dann sehen werden, ist nicht schön. Es führt kein Weg an der Erkenntnis vorbei: Der Friede in Deutschland ist bedroht.

Wir als Bürger können entscheiden, wie wir mit dieser Bedrohung umgehen. Wenn Migranten, ihre Kinder und Enkel auch dazugehören sollen und dürfen, dann ist Deutschland bedroht, und zwar in dem Moment, in dem die neuen Deutschen bedroht sind, weil sie die hiesigen Werte verteidigen. Wer das verstanden hat, erkennt, dass auch die Gewalt nichts mit Herkunft zu tun hat, sondern mit Werten im Kopf.

Düzen Tekkal
Berlin, im Januar 2016

I

Die Reise, die mein Leben verändert hat

Gegen Ende unseres Flugs nach Erbil im Norden Iraks wurde es dunkel an Bord. Alle Lichter waren ausgeschaltet. Ich fragte einen Flugbegleiter nach dem Grund. Er antwortete: »Wir schalten die Lichter aus, damit wir nicht beschossen werden.« Das war der Moment, in dem ich mich fragte, was ich in einem Flugzeug mache, das demnächst beschossen werden könnte. Es war erst vier Tage her, dass mich die Hilferufe aus dem Irak erreicht hatten.

Ich war mit einem Filmteam in Oldenburg unterwegs gewesen, um für einen deutschen Fernsehsender über die Zustände in einem Altenheim zu recherchieren. Als mein Telefon an diesem Tag zum ersten Mal klingelte, wollte ich das Gespräch erst nicht annehmen. Dann aber sah ich die Nummer, die Vorwahl war exotisch, und das machte mich neugierig. Ein Mann, mit dem ich noch nie gesprochen und dessen Namen ich nie zuvor gehört hatte, sagte: »Hilf uns, wir werden alle getötet!« Er sprach eindringlich und versuchte mir deutlich zu machen, wie ernst es ihm mit seiner Bitte war. Aber ich hatte längst verstanden, und diese Erkenntnis war schrecklich. Wenn Menschen in Todesangst sich nicht mehr anders zu helfen wissen, als eine unbekannte Fernsehjournalistin in einem fernen Land anzurufen, dann heißt das, dass sie vollkommen allein und schutzlos sind.

Mein Telefon hörte an diesem Tag nicht mehr auf zu klingeln. Manche Anrufer flehten, manche weinten und waren vollkommen aufgelöst, manche waren sehr ruhig und klar. Aber ihre Botschaft war immer dieselbe: »Hilf uns, wir werden alle getötet!« Milizen des »Islamischen Staates« (IS) waren in die jesidischen Siedlungsgebiete eingefallen und hatten Männer, Frauen und Kinder ermordet. Wer überlebte, war geflohen. Zehntausende waren eingekesselt in einer karstigen Berglandschaft, in der kein Baum wächst. Tagsüber wird es im Sommer bis zu 50 Grad heiß, nachts ist es kalt. Viele Menschen starben schon auf dem Weg ins Gebirge. Die Menschen, die mich anriefen, fürchteten um ihr Leben, und sie hatten Angst vor dem Ende des Jesidentums im Irak. Ich bin als Tochter jesidischer Eltern in Hannover geboren worden. Wir Jesiden sind eine kleine Gemeinschaft, und es hatte sich auf den kargen Hängen des Sindschar-Gebirges herumgesprochen, dass es in Deutschland eine jesidische Journalistin gibt.

Seit diesem Tag, es war der 5. August 2014, ist für mich und viele andere nichts wie zuvor. So ist das manchmal im Leben: Plötzlich ergibt sich eine Situation, in der man sich fragen muss, ob man hinsieht oder wegschaut. Ob man sich zum Handeln entschließt oder passiv bleibt. Ob man das Richtige tut oder das Falsche. Ich habe mich noch an diesem Tag entschieden, dem Hilferuf der Jesiden zu folgen. Deswegen heißt der Film, den ich wenig später im Norden des Irak zu drehen begann, »Háwar«, auf Kurdisch ›Hilfe‹.

Die dramatische Situation der Jesiden im Sindschar machte mir einmal mehr bewusst, dass der Weltgemeinschaft ein jesidisches Leben nichts wert war. Was wäre wohl passiert, wenn 5000 amerikanische oder deutsche Frauen in die Hände des IS geraten wären? Es waren aber »nur« Jesidinnen. Ich wollte, dass dieses »nur« aus den Köpfen verschwindet.

In dieser Nacht habe ich sehr schlecht geschlafen. Ich dachte daran, wie gefährlich es sein würde, in das Kriegsgebiet zu reisen. Ich hatte Angst. Aber dann sagte ich mir, dass ich schon oft in meinem Leben Angst gehabt hatte. Nie hat mich das davon abgehalten, mich den Herausforderungen zu stellen. Dies war die größte Herausforderung meines bisherigen Lebens. Ich wusste: Es ist so weit. Ich habe keine andere Wahl.

Ich hatte meinen Entschluss gefasst. An meinen Vater hatte ich dabei nicht gedacht. Als ich ihm tags darauf aber von meinem Vorhaben erzählte, bemerkte ich an seiner Reaktion recht schnell, dass es für ihn nicht infrage kam, seine Tochter allein in den Irak reisen zu lassen. Mein Argument, dass ich Journalistin sei und er Rentner, ließ er nicht gelten: »Im Irak herrschen andere Regeln. Du bist eine Frau, und du bist meine Tochter. Ich bin dein Vater, und ich werde dich begleiten.« So beschlossen wir, diese Mission gemeinsam zu unternehmen. Dass der Rest der Familie dagegen war und uns von dieser Reise abzuhalten versuchte, konnte an unserer Entscheidung nichts ändern. Wir beide waren uns einig: jetzt oder nie.

Schon lange hatten mein Vater und ich über eine solche Reise zu unseren jesidischen Wurzeln gesprochen. Mir erschien sie beinahe als vorbestimmt. Von Kindesbeinen an bin ich darauf vorbereitet worden. Als ich noch für die Mediengruppe RTL arbeitete, drängte mein Vater immer wieder: »Du bist Journalistin. Du bist zwar fest angestellt bei einem Sender, aber deine Aufgabe ist eine andere. Du musst nach deinen Wurzeln fragen.« Geduldig erklärte ich ihm jedes Mal aufs Neue, dass Journalisten das öffentliche Interesse im Blick haben und problemorientiert arbeiten. Und wenn ich das Thema Jesiden in der Redaktionskonferenz vorschlug, bekam ich stets dieselbe Antwort: »Mit Verlaub, aber wer ihr seid und wo ihr herkommt – das interessiert den Leser doch nicht.«

Als der IS in Sindschar einfiel, gelangten die Jesiden nicht nur in Deutschland, sondern weltweit zu trauriger Berühmtheit. Unser Leben und unsere Religion wurden nun plötzlich erzählbar. Die Geschichte, die mein Vater und ich schon lange in die Öffentlichkeit tragen wollten, war jetzt gefragt. Das Telefon stand nicht mehr still, jeder wollte etwas über uns und unsere Glaubensgemeinschaft wissen. Die Reise, die unser Leben für immer verändern sollte, begann.

Als Kriegsberichterstatterin im Irak

Viele Jahre lang habe ich mich gefragt, ob ich das richtige Leben lebe. Oder lebte ich womöglich daran vorbei? Tat ich das Richtige? Stiftete das, was ich tat, Sinn? Gab es nicht eine Aufgabe, die ich erfüllen musste? Ich dachte oft darüber nach, was ich machen würde, wenn mein Vater eines Tages nicht mehr leben sollte: Was wäre, wenn ich dann seinen Wunsch nicht erfüllt hätte, wenn ich der Frage nach meinen jesidischen Wurzeln ausgewichen wäre?

Ende 2013 kündigte ich bei RTL. Ich hatte keine Rücklagen, ich besaß auch keinen Plan. Aber ich hatte eine Idee davon, wer ich war und wo ich hin wollte. Diese Kraft hatte ich. Ein halbes Jahr später fielen die IS-Milizen im Nordirak ein. Ohne jemanden um Erlaubnis fragen zu müssen, konnte ich mich spontan auf den Weg machen, als es nötig war.

Die größte Schwierigkeit bestand darin, einen Kameramann für unsere Reise zu finden. Die Kameramänner, mit denen ich sonst zusammenarbeitete, waren allesamt Familienväter. Sie fanden es richtig, dass ich in den Irak flog, um über den Genozid an den Jesiden zu berichten. Sie selbst wollten das Risiko aber nicht eingehen. Ich habe das gut verstanden. Ich hatte mich dafür entschieden, diese gefährliche Reise zu unternehmen, weil ich als Jesidin persönlich betroffen war. Ich fühlte mich für die von Tod, Verschleppung und Vergewaltigung bedrohten Menschen im Norden Iraks verantwortlich. Ich war nie besonders gläubig gewesen, aber wenn das Volk deines Vaters ums Überleben kämpft und mit Waffengewalt verteidigt werden muss, dann wirst du gläubig. Als Jesidin weißt du sehr genau, wer du bist. Die Jesiden sind als Kurden eine Minderheit in der Minderheit. Da lernst du früh, wo du stehst, vor allem wenn es um Leben oder Tod geht.

Mein Vater übernahm die Aufgabe des Stringers, der für die Organisation der Kontakte zuständig ist. Das ist eigentlich eine Arbeit, die man gelernt haben muss, doch der Krieg fragt nicht nach der richtigen Ausbildung. Es war klar, dass mein Vater zudem der beste Producer sein würde, den man sich für eine solche Reise vorstellen konnte. Er kannte viele einflussreiche Persönlichkeiten in der Region, und er wusste, worum es ging. Das habe ich auch den Kollegen von Stern TV erklärt, die es seltsam fanden, dass ich mit meinem pensionierten Vater in ein Kriegsgebiet fliegen wollte. Ich brauchte den Produktionsauftrag von Stern TV aus finanziellen Gründen, mein Geld reichte nicht, um die Aufnahmen selbst zu finanzieren. Stern TV reagierte schnell, und über die Produktionsfirma konnte ich einen Kameramann organisieren, der es gewohnt war, in Krisengebieten zu arbeiten. Er flog von Deutschland aus mit. Abgesehen von seiner sensationellen Drehleistung zeichnete er sich durch seine Gelassenheit aus. Er konnte mit der Situation umgehen und war völlig angstfrei.

Vier Tage, nachdem ich in Oldenburg die Anrufe der

verzweifelten Menschen aus dem Irak erhalten hatte, flogen wir los. Das war nicht einfach, weil es kaum Flüge gab. Lufthansa hatte den Flugverkehr in den Norden des Irak eingestellt, weil die Lage zu gefährlich war. Austrian Airlines sagte am Tag vor unserer Abreise ab. Schließlich flogen wir mit Turkish Airlines.

Vorher sammelte ich im Netz noch einmal Informationen über den Ort, an den die Reise gehen würde. Ich stand noch auf sicherem deutschem Boden, als mir klar wurde, dass ich am nächsten Tag nicht nur in ein Kriegsgebiet fliegen würde. Der Norden des Irak galt als der gefährlichste Ort der Welt. Nicht lange zuvor war der amerikanische Journalist James Foley dort vor laufender Kamera geköpft worden. Der IS hatte das Video der Ermordung im Internet veröffentlicht. Die Welt war schockiert. Es fiel mir schwer, den Gedanken zu ertragen, dass ich wegen dieser Reise nicht nur mein Leben, sondern auch das meines Vaters in Gefahr bringen würde. Aber ich wusste, mit meinem Vater darüber zu streiten hatte keinen Sinn. Er würde mich nicht allein fliegen lassen.

Mitten in der Nacht landeten wir in Erbil. Dort wurden wir abgeholt und fuhren weiter nach Dohuk. Der übliche Weg in die jesidischen Siedlungsgebiete führt über die Hauptverbindungsstraße, die auch die Großstadt Mosul durchquert. Wir umfuhren die Stadt auf Nebenstraßen. Aus dem Fenster sah ich Schilder mit der Aufschrift Mosul. Allein den Namen dieser Stadt zu lesen, zu erkennen, dass wir nicht weit von ihr entfernt waren, flößte mir Angst und Schrecken ein. Mosul war im Juni 2014 vom IS eingenommen worden. Die Jesiden, die nicht bereit gewesen waren, zum Islam zu konvertieren, wurden umgebracht, ebenso erging es den Christen. Jesiden wie Christen waren in Scharen aus Mosul geflohen, nur wenige waren geblieben. Während wir durch die Nacht fuhren, entlud sich ein Unwetter. Es regnete, blitzte und donnerte, und ich hatte das Gefühl, die Welt geht unter. Überlebst du diese Nacht überhaupt noch? Unser Fahrer war uns empfohlen worden. Wir konnten ihm vertrauen, und das ist das Wichtigste an einem Ort wie diesem. Denn verraten werden kann man nur von den eigenen Leuten.

Am Ende dieser schreckenerregenden Fahrt erreichten wir unser Hotel in Dohuk. Üblicherweise ist die Ankunft im Hotel der Augenblick, in dem man es geschafft hat. Ein gutes Hotel ist wie ein zweites Zuhause, man fühlt sich sicher und aufgehoben. Aber nicht in Dohuk. Weil dort internationale Gäste absteigen, waren auf unser Hotel bereits mehrfach Anschläge verübt worden. Wir befanden uns 20 Kilometer von der Front entfernt. Ich legte mich ins Bett, aber ich vermochte nicht zu schlafen. Man kann im Krieg nicht schlafen. Ich lag allein in meinem Hotelzimmer und machte einen großen Fehler, den ich später nie wieder begangen habe. Ich las im Netz mehr über den gefährlichsten Ort der Welt. Irgendwann hielt ich es in meinem Zimmer nicht mehr aus. Ich ging nach draußen und begann zu zittern.

Den Horror des Kriegs spürt man in dem Moment, da man irakischen Boden betritt. Er fängt an mit der Stimmung, die dort herrscht, mit den Geschichten, die die Menschen erzählen. Der Taxifahrer erzählt die erste Horrorgeschichte, und so geht es weiter. Ich war vorher noch nie im Krieg. Nun sah ich die Angst in den Gesichtern, spürte die Unsicherheit. Ich konnte den Krieg riechen, eine Mischung aus süßem Tee und Angstschweiß. Bis heute haben die Terroristen des IS mehrere Tausend Jesiden getötet. Ungefähr 7000 Jesiden befinden sich derzeit in IS-Gefangenschaft. Darunter sind 5000 Frauen und Kinder. Von knapp einer Million Jesiden weltweit sind derzeit 480 000 auf der Flucht – also jeder zweite. Viele davon traf ich in Flüchtlingslagern im Norden des Irak und in der Türkei. Kinder erzählten mir davon, wie ihre Väter vor ihren Augen enthauptet wurden. Schöne Kinder mit grünen, blauen, braunen Augen, die niemandem etwas getan hatten, außer dass sie Jesiden waren. Sie klammerten sich an mich und flehten, dass ich sie mitnehmen solle. Ihre Eltern seien tot und sie ganz allein. Väter zeigten mir die Pässe ihrer Töchter, die der IS verschleppt und als Sklavinnen verkauft hatte. Mütter hatten ohnmächtig zugesehen, wie ihre Töchter vom IS abgeholt wurden. Misshandelt und vergewaltigt brachte man sie ihnen zurück.

Erst jetzt, viele Monate später, da die überlebenden Frauen zu sprechen beginnen, zeigt sich das ganze Ausmaß der Gewalt: Ich sprach mit einem Geschwisterpaar, das in die Fänge des IS geraten war. Die ältere Schwester war gerade 18 und bot sich selbst den Terroristen an, damit ihre jüngere, neun Jahre alte Schwester verschont würde. Viele jesidische Frauen nahmen das Leid lieber selbst auf sich als zu erleben, dass es ihren Glaubensschwestern widerfährt.

Eine jesidische Frau, die inzwischen Asyl in Deutschland bekommen hat und psychologisch betreut wird, verlor durch den IS ihre gesamte Familie. Ihr Mann wurde ermordet, ihre beiden Söhne wurden vom IS zu Kindersoldaten gemacht. Man drillt die Kinder darauf, gegen ihre eigenen Familien zu kämpfen. Ihre beiden Töchter wurden versklavt. Mit dem Säugling konnten die Männer des IS nichts anfangen; sie brachen ihm vor den Augen der Mutter das Genick. Seither wird die Frau von diesem Bild verfolgt, sie wird es nicht mehr los.

Viele jesidische Frauen wurden wahnsinnig. Eine von ihnen rannte ins Feuer und zog sich schwere Verletzungen zu, weil sie dachte, die IS-Männer seien wieder hinter ihr her. Viele Jesiden haben den Terror überlebt, aber sie haben kein Leben mehr. Es wird schwer werden, sie wieder ins Leben zurückzuholen. Die Überlebenden haben das Gefühl, die Toten hätten es leichter als sie. Das gilt für die Frauen wie für die Männer.

Bislang hatte ich jesidische Männer immer als stark erlebt. So bin ich aufgewachsen. Ich weiß, wie wichtig ihre Ehre für sie ist; oft ist sie das Einzige, was ihnen geblieben ist. Diese stolzen Männer gebrochen und zusammengekauert am Boden hocken zu sehen, Familienväter zu erleben, die um ihre verschleppten oder getöteten Kinder weinen – das hat mir das Herz zerrissen. Mein Weltbild geriet ins Wanken.

Stellen Sie sich vor, Sie liegen nachts friedlich in Ihrem Bett, die Kinder schlafen ahnungslos. Mitten in der Nacht hören Sie Schritte, die Schritte werden lauter, kommen näher. Mit Gewalt dringen die IS-Milizen in Ihr Haus ein, sie tragen lange Bärte und Schwerter. Nun ist die ganze Familie wach, alle sind panisch vor Angst, keiner weiß, was er tun soll. Die Soldaten der kurdischen Peschmerga, die für ihren Schutz verantwortlich sind, sind geflüchtet. Ich bin mir sicher, dass in dieser Nacht im August 2014 Menschen vor Angst gestorben sind. Diese Nacht darf niemals vergessen werden. Sie muss uns daran erinnern, dass die Jesiden nicht noch einmal schutzlos ihren Verfolgern ausgeliefert sein dürfen.

Als die Peschmerga-Einheiten ihre Stellungen räumten, war das ein Erfolg für die Strategie des IS, überall im Land und im Rest der Welt Angst und Schrecken zu verbreiten. Die Aufgabe der Peschmerga wäre es gewesen, die Jesiden zu schützen. Doch die kurdischen Kämpfer flohen vor den fanatischen Bärtigen, die nicht davor zurückschrecken, Menschen mit der Machete die Köpfe abzuhacken. Die Jesiden konnten nicht weglaufen. Sie mussten kämpfen, um ihr Leben, ihre Religion, ihre heiligen Stätten zu verteidigen. In der Pilgerstätte Scherfedin nahe der Stadt Sindschar, auf Kurdisch Schingal, hielten sie mit ein paar Dutzend Kämpfern den IS-Milizen stand. Die Jesiden haben dem IS getrotzt und ihn in der Region Sindschar mithilfe kurdischer Einheiten später auch besiegt. Die Kurden und die Jesiden verteidigen im Norden Iraks und in Syrien das Leben all jener, die der IS versklaven oder gleich ermorden will. Sie verteidigen damit auch die Werte des Westens.

Mit unserem Team besuchten wir jesidische Kämpfer, bevor sie an die Front gingen. Es hat mich schockiert zu erfahren, welches Leid diese Menschen schon erlebt haben. Der Tod war eine Möglichkeit, mit der man jederzeit zu rechnen hatte. Ich erinnere mich an eine stolze 90-jährige Jesidin. Die alte Frau buk das jesidische Brot und gab es ihrem grauhaarigen Sohn mit auf die Reise an die Front. Ihr war bewusst, dass er vielleicht nicht zurückkehren würde. Das Brot wurde neben die Waffen und die Schutzwesten gelegt. Als der Sohn wegfuhr, empfand ich eine tiefe Trauer. Plötzlich sah ich diese Männer mit anderen Augen: Für mich waren sie Helden. Es beeindruckte mich, wie selbstverständlich sie das in ihren Augen Notwendige taten. Sie fuhren in das IS-Gebiet, um gegen die Männer zu kämpfen, die ihre Frauen und Töchter verschleppt und vergewaltigt hatten. Der Mut, den diese jesidischen Männer zeigten, war Ausdruck des Bewusstseins, dass nur ihr enger Zusammenhalt den Jesiden helfen würde zu überleben. Das war in der Vergangenheit so gewesen und würde diesmal nicht anders sein.

Im Irak schien mir Deutschland sehr weit weg zu sein. In Deutschland war es ruhig und sicher. Im Irak herrschten Krieg, Tod und Angst. Zugleich begriff ich während dieser Reise, wie nah uns Deutschen dieser Krieg im Mittleren Osten schon gekommen ist. Auf beiden Seiten der Front wird Deutsch gesprochen. In den vergangenen Jahren haben sich beinahe 1000 Deutsche in Irak und Syrien den IS-Milizen angeschlossen. Der vielleicht bekannteste ist der deutsche Rapper Deso Dogg. Als Denis Mamadou Gerhard Cuspert 1975 in Berlin-Kreuzberg geboren, kam er laut Angaben des US-Verteidigungsministeriums am 16. Oktober 2015 in der Nähe von Rakka bei einem Luftangriff ums Leben. Deutsche Behörden vermuten inzwischen aber, dass Cuspert den Angriff überlebt haben könnte. Nach einer erfolglosen Rap-Karriere hatte sich der spätere IS-Kämpfer der radikalen Salafistengruppe Millatu Ibrahim angeschlossen und Deutschland zum »Kriegsgebiet« erklärt. Nachdem er sich nach Ägypten abgesetzt hatte, fanden Ermittler in einer Wohnung deutscher Islamisten eine Sprengstoffweste, die Cuspert angeblich hergestellt hatte. Später posierte er in einem IS-Propagandavideo, das im Internet verbreitet wurde, mit einem abgeschnittenen Kopf. Dennoch – oder vielleicht deshalb? – gilt er manchen jungen Muslimen in Deutschland als Volksheld und Vorbild. Laut Medienberichten hat er im August 2014 die Brigade der in Deutschland verbotenen Millatu Ibrahim in Mosul angeführt.

Etwa zur selben Zeit begleitete ich einen jesidischen Kämpfer aus Deutschland an die Front. Kurz bevor er losfuhr, holte er eine Deutschlandfahne aus seiner Tasche. Er sagte: »Wenn ich sterbe, könnt ihr diese Fahne auf mein Grab legen.« So patriotisch denken und handeln die meisten deutschen Jesiden. Sie haben Deutschland als ein Land erfahren, in dem sie erstmals frei und ohne Unterdrückung leben können. Der Mann, der die Deutschlandfahne in den Irak mitgebracht hatte, war Familienvater, ein Bäcker, der noch nie in seinem Leben gekämpft hatte. Er zitterte, als er das erste Mal eine Waffe in die Hand nahm. Aber er konnte dem Genozid an seinem Volk nicht tatenlos zusehen. Er ließ sein sicheres Leben in Deutschland hinter sich und reiste in den Irak. Beinahe hätte er seinen Einsatz mit dem Leben bezahlt. An dem Tag, als uns der jesidische Kämpfer mit an die Front nahm, habe ich meinen Vater angelogen. Ich habe ihm gesagt: »Papa, du kannst im Hotel bleiben, wir müssen heute nur Themenbilder drehen.« Es war der gefährlichste Drehtag der Reise. Irgendwann sagten die Brigadekämpfer zu mir: »Hier reicht es. Du wirst dich jetzt umdrehen und gehen. Hier beginnt das IS-Gebiet.«

Der Bäcker war nicht der einzige Deutsche, den ich getroffen habe. Der Unternehmer Ghazi Hassen ist unermüdlich im Norden des Irak unterwegs, ständig klingelt sein Telefon. Er setzt sein Privatvermögen ein, um jesidische Mädchen und Frauen aus der IS-Gefangenschaft freizukaufen.

Mit Kasim Shesho konnte ich nur telefonieren. Er führte die Brigade an, die Scherfedin, die jesidische Pilgerstätte in der Nähe von Schingal, verteidigte. Beim Einfall der IS-Milizen befand er sich zufällig im Sindschar-Gebirge, um Verwandte zu besuchen. Sein Sohn Fahim begleitete ihn auf dieser Urlaubsreise. Die Sheshos entstammen einer jesidischen Kriegerfamilie. Im zivilen Leben ist Kasim Shesho Gärtner und lebt in Bad Oeynhausen. Er kennt meinen Vater und schätzt dessen Engagement für die Sache der Jesiden. Während wir morgens um vier miteinander sprachen, hatte Kasim Shesho die Kamera vor sich aufgestellt, die wir ihm an die Front geschickt hatten; damit filmte er sich und seine Brigade. Im Hintergrund waren

Schüsse zu hören. Nach meiner Rückkehr aus dem Irak traf ich seinen Sohn Fahim wieder, der in Deutschland eine Berufsschule besucht. Dem jungen Mann fiel es schwer, im sicheren Deutschland sein gewohntes Leben weiterzuführen, während die Jesiden im Irak um ihr Leben kämpfen müssen.

Vom ersten Tag an musste ich mich im Irak daran gewöhnen, dass wir ständig von Menschen mit Waffen umgeben waren – wohl wissend, dass diese Waffen auch eingesetzt würden, wenn unser Leben, das meines Vaters, meines Teams und mein eigenes, bedroht gewesen wäre. Manchmal habe ich mich gefragt, ob ich im umgekehrten Fall genauso handeln würde: Wäre ich bereit, mein Leben aufs Spiel zu setzen, um meine Glaubensgenossen zu retten? Ich war mir da nicht so sicher. Ich habe in Deutschland viel zu verlieren: meine Eltern, meine Geschwister, meine Freunde, alles, was ich mir über viele Jahre erarbeitet habe. In Deutschland hängen wir am Leben, im Irak ist das anders. Die Jesiden im Irak sterben für etwas Größeres. In Europa ist uns dieser Gedanke fremd geworden, weil uns die Weltkriege zwischen 1914 und 1945 als weit entfernte Ereignisse erscheinen. Wir Westeuropäer kennen den Krieg nicht mehr, und umso mehr erschüttern uns die Terroranschläge von Paris.

Als Journalistin wollte ich vor allem unabhängig berichten; es war mir wichtig, meine Neutralität zu wahren. Dafür war ich auch bereit, Risiken einzugehen. Während unserer Dreharbeiten benutzte ich meine Facebook-Seite als Newsticker. Die ersten Videos sind immer noch auf meiner Seite zu sehen. Ich habe sie immer erst hochgeladen, wenn ich mich bereits an einem anderen Ort befand und in Sicherheit war. Ich bekam daraufhin viele Mails, die ich aber bald nicht mehr gelesen habe: »Pass auf dich auf!« Wenn man sich ständig mit den Sorgen und Warnungen seiner Freunde und Geschwister auseinandersetzt, dann kommt die Angst.

Zwar hätte ich offiziell im Peschmerga-Ministerium anfragen und um Schutz bitten können, aber das wollte ich nicht. Der Schutz der Peschmerga hätte uns auch unter ihre Kontrolle gestellt. Die Peschmerga spielen eine ambivalente Rolle bei dem durch den IS verübten Genozid an den Jesiden. Zwar haben sie die Jesiden beschützt, ließen sie aber im entscheidenden Moment im Stich, als die IS-Milizen in jesidisches Gebiet einmarschierten. Die Gründe für den Rückzug sind vielschichtig. Die Peschmerga fürchteten wohl eine Übermacht der IS-Milizen. Die Mehrheit der Kurden ist muslimisch, manche haben Vorbehalte gegen Jesiden, weil sie als »Ungläubige« gelten. Außerdem gibt es Stimmen, die behaupten, hinter dem Rückzug der Peschmerga habe ein strategisches Kalkül gesteckt, um die USA zu einem stärkeren Engagement zu bewegen. Später aber brachten die Peschmerga mit Helikoptern Kämpfer ins Sindschar-Gebirge, um die Jesiden zu verteidigen, und flogen Verletzte und Mütter mit kleinen Kindern aus. Die Volksverteidigungseinheiten der Kurden in Nordsyrien, YPG, die als Ableger der PKK gelten, kämpften am Boden einen Fluchtkorridor nach Norden frei, um die Jesiden aus dem Gebirge in Sicherheit bringen zu können.

Ohne die kurdischen Milizen wären die Jesiden im Irak verloren gewesen.

Ich wollte genau wissen, was die Peschmerga zu sagen haben. Es gab viele, die mich warnten, ich könne als Jesidin nicht einfach zum Militärstützpunkt der Peschmerga fahren. Wir hatten keine Drehgenehmigung, keine Bescheinigung, keine Zulassung aus Deutschland. Wir fragten uns durch, und irgendwann saßen wir vor dem Befehlshaber. In diesem Moment war ich keine Deutsche und auch keine Jesidin. Ich war Kurdin, und das war wichtig. Im Übrigen war es nicht gelogen, ich habe kurdische Eltern. Der Offizier war erfreut, als ich ihm auf Kurdisch erklärte, dass ich aus Deutschland komme und über die Arbeit der Peschmerga berichten wolle. Zugleich lag es auf der Hand, dass die Peschmerga etwas gutzumachen hatten. Man wusste, ich war Jesidin, und ergriff dankbar die Gelegenheit, um mir zu zeigen, dass man aus den Fehlern gelernt hatte.

Im Krieg ist es wichtig zu wissen, wo deine Grenzen liegen. Die Peschmerga wollten uns in den von IS-Kämpfern eingekesselten Teil des Sindschar-Gebirges fliegen. Der Flug dorthin wäre gefährlich gewesen, wir hätten von IS-Kämpfern beschossen werden können. Scharfschützen hätten uns zwar während des Flugs verteidigt. Die Peschmerga konnten aber nicht für unsere Sicherheit garantieren. Sie sagten: Du kannst hinfliegen, wir wissen aber nicht, ob und wann du wieder rauskommst. Ich habe das Angebot abgelehnt und damit auch Verantwortung für das gesamte Team übernommen. Das Risiko eines solchen Flugs ohne Aussicht auf sichere Rückkehr schien mir unkalkulierbar. Für mich war hier die Grenze erreicht.

Gegen Ende unserer Reise fuhren wir in ein jesidisches Flüchtlingslager im kurdischen Teil der Türkei. Wir waren die ersten Journalisten, die das Lager betraten, und die Menschen dort waren dankbar und erleichtert, dass sie zum ersten Mal gehört wurden. Zehnjährige Mädchen erzählten weinend ihre Geschichte. Sie berichteten über die Morde an ihren Familienmitgliedern, und sie klagten die Welt an, die sie vergessen hatte. Kinder malten Schilder und hielten sie in die Kamera: »Wo ist meine Mutter? Wo ist mein Vater? Wo ist meine Schule?« Sie waren mutig aus Verzweiflung, denn selbst hier, in einem türkischen Flüchtlingslager, hatten sie Angst.

Wir fuhren weiter, um den Ort in Südostanatolien zu besuchen, wo einmal das Dorf meiner Eltern gestanden hatte. Die Gegend, in der die Geschichte meiner Familie begonnen hat, ist ein Niemandsland. Wäre mein Vater vor 45 Jahren nicht nach Deutschland ausgewandert, wäre ich in dieser kargen Landschaft zur Welt gekommen, die er Heimat nennt. Unter ein paar Steinen liegt meine Großmutter begraben. Ist das meiner Großmutter würdig, dieser großartigen, stolzen Frau? Der Friedhof des Dorfes ist keine richtige Grabstätte, weil die Gräber der Jesiden immer wieder zerstört wurden. Die Jesiden hier hatten kein Leben in Würde, und sie hatten keine würdige Grabstätte, weil sie noch im Tod nicht auffallen, keinen Anlass geben durften, den Hass der anderen auf sich zu ziehen. Mein Vater hat in Hannover ein jesidisches Gräberfeld erstritten, es liegt im Stadtfriedhof Lahe. Aber meine Großmutter setzte ihren letzten Willen durch: Sie wollte in ihrem Dorf begraben werden. Als wir an ihrem Grab standen, begriff ich, dass mein Vater nicht nur mein Vater, sondern auch Sohn seiner Eltern ist: Wie traurig er schaute! Er hatte alles um sich herum vergessen.

Als er zu meiner Großmutter dort im Grab sagte, er habe ihr ihre Enkelin mitgebracht, die Journalistin in Deutschland sei und nach ihren jesidischen Wurzeln frage, brach ich zusammen. Ich stand nicht als Journalistin vor dem Grab meiner Großmutter. Diese Reise in die Vergangenheit, zu den Ursprüngen, war für meine ganze Familie etwas sehr Wichtiges. Hier schloss sich ein Kreis. An diesem Ort erklärte sich, warum mein Vater nach Deutschland ausgewandert war, warum er diesem fremden Land so dankbar war, woher unser Bildungshunger kommt. Die Tatsache, dass ich als Jesidin an Bildung partizipieren durfte, von der unsere Gemeinschaft viele Jahrhunderte lang ausgeschlossen war, gibt mir die Fähigkeit, an unserer Geschichte mitzuschreiben. Darauf sind wir Jesiden angewiesen.

Man kann in Hoffnungslosigkeit und Trauer versinken, wenn man sich vor Augen führt, wie schrecklich die Jesiden in der Vergangenheit gelitten haben und weiterhin leiden müssen. Mir aber scheint es wichtig, dass wir die Überlebenden des Völkermords mit ihren Erinnerungen nicht allein lassen, dass wir uns um die Kinder kümmern, die ihre Eltern verloren haben, und um die vergewaltigten und misshandelten Frauen, die wieder ins Leben zurückfinden müssen. Ich bin froh, dass wir unsere lang geplante Reise zu den jesidischen Wurzeln unternommen haben, dass ich mit meinem Vater unsere heiligen Stätten besucht habe, auch wenn die Umstände schrecklich waren.

Jesidin sein

Wenn man jesidische Familien und ihre heiligen Stätten im Irak besucht, hat man das Gefühl, in die Vergangenheit einzutauchen. Man trifft auf Menschen, die sich ihre Ursprünglichkeit bis heute bewahrt haben. Sie haben zahlreiche Pogrome überlebt und trotz jahrhundertelanger Verfolgung an ihrer Religion festgehalten.

Das spirituelle Zentrum der Jesiden ist Lalisch, ungefähr eine Autostunde von Mosul entfernt. Hier lebt der Baba Scheich, das religiöse Oberhaupt der Gemeinschaft, und hier liegt auch das Grab von Scheich Adi, der im jesidischen Glauben neben Tausî Melek (Engel Pfau) die wichtigste Figur ist.

Für die Jesiden ist Gott allmächtig und barmherzig. Ihm sind sieben Engel untergeordnet, Tausî Melek ist der wichtigste unter ihnen, der im Auftrag Gottes die Welt und auch Adam und Eva erschuf. Tausî Melek hat das Leben der Jesiden stark geprägt. Denn im Zentrum der jesidischen Mythologie steht ein Akt der Auflehnung des Engels: Gott befahl Tausî Melek, sich vor Adam zu verneigen. Tausî Melek aber weigerte sich, weil er sich nur Gott unterwerfen wollte. Der Engel lehnte sich gegen einen Befehl Gottes auf, um die Einzigartigkeit Gottes zu bekunden. Weil die Figur des Tausî Melek Ähnlichkeiten mit dem biblischen

Luzifer und dem Iblis aus dem Koran aufweist, gelten die Jesiden manchen Muslimen als Teufelsanbeter. Doch Tausî Melek verkörpert nicht das Böse. Er ist der himmlische Bote, der das Wissen zur Erde bringt. Die Menschen haben die Aufgabe, ihren Verstand zu nutzen, den der Schöpfer ihnen gegeben hat. Ein wesentliches Element in der jesidischen Glaubensvorstellung ist die Eigenverantwortlichkeit jedes Einzelnen.

Als ich während meiner Reise im August 2014 das Heiligtum in Lalisch besuchte, erfüllten mich Stolz, Trauer und Zorn gleichermaßen. Erst in diesem Moment wurde mir so richtig bewusst, dass eine jahrtausendealte Religion von der Erde verschwinden sollte. Der »Islamische Staat« (IS) wollte nicht nur die Menschen töten, sondern auch ihre heiligen Stätten zerstören. Nichts sollte mehr an die Jesiden erinnern. Der Baba Scheich empfing uns mit den Worten: »Helft uns, wir können nicht mehr.« Es war schwer, die Hilflosigkeit in seinen Worten zu spüren, ohne etwas dagegen tun zu können. Lalisch ist ein Ort des Friedens, den schon Generationen von Pilgern aufgesucht haben. Jeder Jeside sollte einmal im Jahr nach Lalisch pilgern. Wem das nicht möglich ist, der versucht es doch wenigstens einmal im Leben. Jetzt musste Lalisch mit Waffengewalt verteidigt werden.

Als wir in die Stadt kamen, war sie voller Flüchtlinge. Jeder von ihnen hatte nahe Angehörige verloren, die Trauer stand ihnen ins Gesicht geschrieben. Zugleich war der alte jesidische Stolz in ihnen erwacht. Die Frauen entgegneten auf meine Frage: »Angst? Was haben wir noch zu verlieren, wir haben kein Leben mehr. Sie haben unsere Väter umgebracht, sie haben unsere Mütter umgebracht, und sie haben unsere Schwestern entführt. Wir gehen an die Front und werden unsere Ehre verteidigen. Wir ziehen in den Kampf gegen den IS.« Die Haltung dieser Frauen, die in IS-Gefangenschaft gewesen waren, verweist einmal mehr auf die bei den Jesiden besonders stark verbreitete Eigenschaft der Resilienz: Die Jesiden sind resilient, weil sie sich an gemeinsamen Werten orientieren und kollektivistisch geprägt sind.

Ich bin Jesidin, aber in Deutschland geboren und aufgewachsen. Mein Vater kam hierher, weil er Jeside ist und Jesiden in den muslimisch dominierten Ländern nicht akzeptiert werden. Im Fall meines Vaters war das Südostanatolien in der Türkei. In Deutschland arbeitete er auf dem Bau und als Fliesenleger. Seine eigentliche Arbeit aber bestand darin, für die Anerkennung der Jesiden in Deutschland zu kämpfen.

Im kurdischen Teil der Türkei lebten in den frühen 1980er-Jahren noch ungefähr 60 000 Jesiden. Aus politischen, religiösen und wirtschaftlichen Gründen haben inzwischen die meisten von ihnen die Türkei verlassen. In den anatolischen Dörfern und Städten, die einmal von Jesiden bewohnt wurden, leben heute nur noch sehr wenige von ihnen. In der Türkei sind heute weniger als ein Prozent der Bevölkerung Jesiden. Die meisten von ihnen wanderten nach Deutschland aus, vor allem nach Nordrhein-Westfalen und nach Niedersachsen. Die ersten von ihnen kamen als Gastarbeiter, später erhielten viele von ihnen politisches Asyl.

Seit seiner Ankunft in Deutschland setzt sich mein Vater für seine Glaubensgenossen ein. Er versucht, die Jesiden ins Licht der Öffentlichkeit zu rücken und auf ihr Schicksal aufmerksam zu machen. Dass die türkischen Jesiden 1993 als politisch verfolgte Gruppe anerkannt wurden, war auch ein Erfolg meines Vaters. Viele Jahre hatte er dafür gekämpft. Die jesidische Gemeinschaft zollt ihm aus diesem Grund bis heute Respekt. Später engagierte er sich erfolgreich für einen jesidischen Friedhof in Hannover, den ersten in Deutschland. Viele Jesiden haben keinen Bezug mehr zu den Ländern, in denen sie unterdrückt worden sind, und wollen lieber in ihrer neuen Heimat begraben werden. Damit drücken sie auch ihre Verbundenheit mit dem Land aus, das ihnen Zuflucht gewährt hat.

Sein Engagement für die Sache der Jesiden brachte meinen Vater mit vielen Leuten zusammen. Er lernte die SPD-Politikerin Heidi Merk kennen, die bei Amnesty International und dem Internationalen Verein für Menschenrechte in Kurdistan tätig war und sich für das Schicksal der jesidischen Minderheit interessierte. Später war sie Justizministerin und stellvertretende Ministerpräsidentin Niedersachsens. Heidi Merk wurde eine enge Freundin der Familie. Es war die erste Freundschaft, die mein Vater in Deutschland schloss.

Unser Haus stand stets offen, mein Vater lud alle ein: Wir sind Jesiden, lernt uns kennen. Das war seine Haltung. Ich war noch ein kleines Kind, als Fernsehteams des NDR und des ZDF zu uns nach Hause kamen. Die Offenheit meines Vaters war mutig, und meine Mutter hatte Angst deswegen. Sie hatte gelernt, dass man sich als Jesidin besser bedeckt hält, keinen Anstoß erregt. Auch Angehörige der Familie und Leute aus unserem Bekanntenkreis fragten meinen Vater: »Bist du verrückt? Warum machst du das?« Er hat sich davon nicht beirren lassen. Ich habe schon als Kind gelernt: Wenn du gefragt wirst, ob du verrückt bist, bist du auf dem richtigen Weg.

Mein Vater und ich sind uns ähnlich in unserem unbändigen Freiheitsdrang. Uns eint auch die Botschaft, die wir weitergeben möchten: dass wir als Jesiden bereit sind, für die demokratischen Werte Deutschlands zu kämpfen. Mit dieser Überzeugung bin ich aufgewachsen. Von Beginn an lebte ich in zwei Welten. Ich fühlte mich aber nicht zerrissen, ich saß nicht »zwischen den Stühlen«, sondern wechselte zwischen dem Deutschen und dem Kurdisch-Jesidischen hin und her. Vielleicht liegt es an meinem Naturell, aber ich habe dieses Leben in zwei Welten immer als befruchtend erlebt.

Von klein auf hat man mir als Jesidin beigebracht, dass alle Menschen gleich erschaffen wurden. Bei uns zu Hause galt die Überzeugung: Mensch ist Mensch. Obwohl ich in Deutschland geboren bin, erlebe ich oft, dass meine Herkunft als Tochter von Jesiden aus Kurdistan für mein deutsches Umfeld wichtig ist. Ich muss mich oft mit meiner kurdisch-jesidischen Herkunft auseinandersetzen, auch wenn ich selbst nicht immer Lust darauf verspüre. Jemanden zu fragen, woher er kommt, ist häufig problematisch. So wichtig es ist, dass man weiß, woher man kommt und wer man ist, so fatal ist es, wenn Menschen auf ihre Herkunft reduziert werden. »Wo kommst du her?«, ist daher fast immer die falsche Frage. Die richtige Frage lautet: »Wo stehst du?«

Wenn ich dennoch von meinen jesidischen Wurzeln spreche, verbinde ich damit ambivalente Gefühle. Ich fühle mich durch die jesidischen Traditionen mit meiner Familie und meinen Vorfahren verbunden. Aber zugleich macht meine Umwelt mir immer wieder bewusst, dass ich nicht zuerst als Individuum wahrgenommen werde, sondern meine Herkunft als jesidische Kurdin wesentlichen Anteil daran hat, wie man mich sieht. In dem Moment, in dem meine Wurzeln durch einen Völkermord ausgelöscht werden sollen – wie im Sommer 2014 –, gewinnen sie sogar existenzielle Bedeutung für mich. Denn es betrifft auch mich, wenn der IS erklärt, dass es rechtens sei, jesidische Frauen und Mädchen als Sklavinnen zu halten. »Die Familien von Ungläubigen zu versklaven und ihre Frauen als Konkubinen zu nehmen, ist ein altbekannter Aspekt der Scharia. Diesen Aspekt zu bestreiten […] wäre ein Abfall vom Islam«, heißt es in einer Ausgabe des vom IS herausgegebenen Hochglanzmagazins *Dabiq*, die nach der Eroberung des Sindschar-Gebiets erschien. Als ich in den Irak fuhr, traf ich Kinder, die zu Waisen geworden waren, weil ihre Eltern Jesiden waren und sie selbst Jesiden sind. Ich fühlte mich von ihrem Schicksal als Mensch und als Jesidin angesprochen. Die Aufgabe, auf das Leiden der Jesiden im Irak aufmerksam zu machen, hat mich gefunden.

Erst seit ungefähr einem halben Jahrhundert können sich die Jesiden mit ihrer Identität und ihrer Geschichte so auseinandersetzen, wie ich es tue. Jetzt fragen wir uns, wer wir sind, wo wir herkommen, was uns ausmacht. Vorher ging es ums nackte Überleben, andere Möglichkeiten hatten wir nicht. Erst jetzt beginnt man, die jesidische Religion zu erforschen. Und das Wichtigste: Es schreiben nicht mehr nur andere über uns, sondern wir sind zum ersten Mal in der Lage, selbst über uns schreiben – weil wir an Bildung partizipieren. Jesidische Anwälte und Richter gibt es noch nicht lange. Solche Berufe zu erlernen war den Jesiden in der Vergangenheit nicht erlaubt. Nur die Konversion zum Islam eröffnete ihnen eine Möglichkeit zum beruflichen Aufstieg. Die meisten blieben Nomaden und Bauern. Sie kümmerten sich um ihr Land, dessen Besitz aber immer gefährdet war. Sie waren darauf angewiesen, muslimische Fürsprecher zu haben. Daher haben sie den Islam als Bedrohung und als Schutz zugleich erlebt. Abhängig vom guten Willen anderer waren sie von jeher.

Wer aber sind die Jesiden? Das Jesidentum ist eine der ältesten Religionsgemeinschaften der Welt. Seine Anfänge reichen bis weit vor Christi Geburt zurück. Als Jesidin kann man nur geboren werden, beide Elternteile müssen Jesiden sein. Jesiden missionieren nicht, wollen aber auch nicht missioniert werden. Die Geschlossenheit der Gemeinschaft und ihre strikte Weigerung zu konvertieren hat die Jesiden zur Zielscheibe von Angriffen gemacht und in ihrem Umfeld Angst geschürt: Was sind das für Leute? Worin besteht ihre Religion?

Die jesidische Religion ist monotheistisch, und sie wird lediglich mündlich überliefert. Jesiden haben keine Thora, keine Bibel, keinen Koran. Ihre Religion zählt daher nicht zu den Buchreligionen – ein weiterer Grund, der sie zur Zielscheibe von Angriffen macht. Sie wurden in den Reichen und Ländern, in denen die Jesiden ursprünglich lebten, nicht anerkannt. Im Osmanischen Reich gab es für viele religiöse Minderheiten Rechte, vor allem für die Anhänger der Buchreligionen, Juden und Christen, nicht aber für die Jesiden.

Um sich gegen Verfolgungen zu wehren, haben sich Jesiden und Christen im Osmanischen Reich oft verbündet. Das zeigte sich etwa im Jahr 1915, als die Osmanen begannen, die nichtmuslimische Bevölkerung zu verfolgen. Damals suchten viele armenische und andere Christen im jesidischen Sindschar Schutz. Der Führer der jesidischen Stämme begrüßte die Ansiedlung von Christen und weigerte sich, christliche Flüchtlinge den osmanischen Autoritäten zu übergeben. Noch heute spürt man die Verbundenheit im Verhältnis der beiden Religionen in der Region. Als das Osmanische Reich 1918 unterging, befragten die Briten die Bewohner der Region Mosul, ob sie von Arabern regiert werden oder lieber unter britischer Herrschaft leben wollten. Alle jesidischen Stämme der Gegend wollten lieber von den Briten regiert werden.

Auch in der modernen Türkei und im 1920 gegründeten Irak waren die Jesiden der Willkür ausgesetzt. In der Türkei wurde die kurdische Sprache aus den Schulen und der Verwaltung verbannt und die jesidische Religion nicht anerkannt. Immer noch galten Jesiden entweder als muslimisch oder als ungläubig. Im Norden des Irak wurde Kurdisch zwar Amtssprache und auch an Schulen gelehrt. Die irakische Baath-Partei hat im Zuge mehrerer Arabisierungskampagnen aber viele Jesiden im Sindschar gezwungen, ihre Dörfer zu verlassen und in sogenannte Kollektivdörfer zu ziehen, die bis heute nicht ans Strom- und Wassernetz angeschlossen sind. Die alten jesidischen Dörfer wurden entweder zerstört oder von Arabern übernommen. Ziel war es, jesidische Unabhängigkeitsbestrebungen zu unterdrücken und die Bewohner dieser Sammeldörfer vom Staat abhängig zu machen. Das Sindschar-Gebiet galt über Jahrhunderte hinweg als rebellisch und schwer zu regieren. Die Regionen Sindschar und Scheichan, wo die meisten Jesiden leben, gehören nicht zum kurdischen Autonomiegebiet, das 1970 eingerichtet wurde. Dennoch verstehen sich die meisten Jesiden als Kurden und sprechen den kurdischen Kurmandschi-Dialekt. Viele glauben, die Kurden seien früher allesamt Jesiden gewesen, bevor die meisten von ihnen zum Islam konvertierten.

Wenn ein Jeside früher von Mosul nach Bagdad fuhr, um dort auf dem Amt einen Pass zu beantragen, konnte es passieren, dass er im Bus erschossen wurde. Niemand unternahm etwas dagegen. Wenn man sich als Jeside zu erkennen gab und das irgendjemanden störte, konnte es lebensgefährlich werden.

Leider gilt das noch immer. Die Jesiden sind schutzlos, damals wie heute. Der jesidische Wissenschaftler Djenghizkhan Hasso hat nachgewiesen, dass es in den vergangenen 800 bis 900 Jahren 58 dokumentierte Völkermordversuche an den Jesiden gegeben hat.

Ich finde es erschreckend und dramatisch, wenn jesidisch-christliches Leben im Irak nicht mehr möglich ist. Die rund 500 000 Jesiden, die zurzeit auf der Flucht sind, können wir aber auch nicht einfach zurückschicken an die Orte, an denen ihre Angehörigen getötet worden sind. Wir müssen über Sicherheitszonen für die bedrohten Jesiden nachdenken. Den Jesiden muss ermöglicht werden, sich selbst zu verwalten. Sie müssen politisch so viel Autonomie erhalten, dass sie nicht mehr so leicht zum Spielball regionaler Interessen werden können.

Die internationale Gemeinschaft muss dafür Sorge tragen, dass die Jesiden im Irak nicht mehr weiterhin abhängig sind. Dazu gehört auch, dass sie sich selbst verteidigen können. Wenn es sich als nötig erweisen sollte, muss die jesidische Selbstverwaltung durch Blauhelme der UN geschützt werden. Die Waisenhäuser müssen unterstützt, und das irakische Adoptionsrecht muss geändert werden. Ich weiß, dass wir nicht alle Kinder retten können. Es gibt aber viele jesidische Familien, die in Deutschland integriert sind und über die nötigen Mittel verfügen. Warum sollen sie sich nicht um Waisenkinder kümmern, die jetzt in irakischen Waisenhäusern ausharren müssen, aber in Deutschland ein glückliches, sicheres Leben führen könnten? Ich denke dabei an einen jesidischen Kindersoldaten, der in Stuttgart innerhalb von zwei Monaten Deutsch gelernt hat und einen Bildungsehrgeiz an den Tag legt, von dem der stellvertretende Schulleiter seiner Schule sagt, so etwas habe er noch nie erlebt. Das sind Kinder, die wir auch für unsere Zukunft benötigen.

Das Schicksal der Jesiden wird sich aber nicht nur an der Situation im Irak, sondern auch an der deutschen Türkeipolitik entscheiden. Im Namen der Europäischen Union sagte Angela Merkel Präsident Erdoğan drei Milliarden Euro zu, damit die Türkei im Gegenzug für die Eindämmung des Flüchtlingsandrangs sorge. Auf diese Weise wird das Flüchtlingsproblem aber nicht gelöst, ja nicht einmal einer Lösung näher gebracht, sondern lediglich verlagert. Darüber hinaus hat sich die EU erpressbar gemacht.

In der Türkei werden tagtäglich Menschenrechtsverletzungen begangen, im Dezember 2015 etwa wurde einer der wichtigsten Menschenrechtsanwälte ermordet. Einige Beobachter sagen, selbst zu Zeiten der Militärdiktatur habe die türkische Regierung nicht so allumfassende Macht besessen wie heute. In Südostanatolien führt Erdoğan Krieg gegen die eigene Bevölkerung. Die einzige »Schuld« dieser Menschen besteht darin, in kurdischen Städten und Dörfern zu leben. Die Menschen in der Türkei, die sich für eine Demokratisierung einsetzen, werden von der deutschen und von der europäischen Politik im Stich gelassen, weil der Flüchtlingsdeal mit Erdoğan wichtiger zu sein scheint. Die Flüchtlinge aus dem Irak und aus Syrien werden trotzdem versuchen, nach Deutschland zu kommen, unter anderem, weil sich die Türken nicht um die Flüchtlinge kümmern. Aller Voraussicht nach müssen wir mit weiteren Flüchtlingen rechnen, die sich – durch Erdoğans Kurdenpolitik entwurzelt – demnächst auf den Weg nach Europa machen.

Den Krieg gegen die PKK hat Erdoğan auch deswegen wieder aufgenommen, weil die kurdischen Volksverteidigungseinheiten, YPG, den Norden Syriens unter ihre Kontrolle gebracht und damit den Handel von Öl zwischen IS und der Türkei unterbunden haben. Mit dem Beschuss der PKK-Stellungen hat die Türkei faktisch den IS gestärkt, denn die Kurden sind die Einzigen in der Region, die dem »Islamischen Staat« etwas entgegensetzen. Während der Kämpfe um Kobane im Norden Syriens hoffte die ganze Welt, dass der »Islamische Staat« nicht auch hier siegen würde. Doch es ist naiv zu glauben, dass Kobane allein durch die YPG gerettet wurde. Türkische PKK-Kämpfer kamen über die Grenze nach Syrien, nähten sich die Abzeichen der YPG an die Uniformen und zogen gegen den »Islamischen Staat« in den Kampf. Gemeinsam mit der YPG eroberten sie Kobane zurück. Es ist absurd, dass die PKK als Terrororganisation gilt, die syrische YPG aber nicht. Der einzige Unterschied zwischen beiden Organisationen besteht darin, dass die PKK aus der Türkei kommt, die YPG aber nicht.

Zwar gibt es weiterhin viele gute Gründe dafür, die PKK sehr kritisch zu betrachten. Die jüngsten Anschläge, die ich aufs Schärfste verurteile, zählen dazu. Aber wir sollten eines nicht vergessen: Es ist der Entschlossenheit der Kurden im Allgemeinen und der Jesiden im Besonderen zu verdanken, dass die Terrormilizen des IS zurückgedrängt werden konnten und die Macht des Kalifats in seinem Kerngebiet gegenwärtig am Schrumpfen ist. Ein YPG-Kämpfer sagte mir kürzlich: »Den IS in Rakka zu besiegen, ist für uns keine militärische, sondern eine politische Frage. Wir sehen nicht ein, warum wir als Kanonenfutter benutzt, aber von den Friedensverhandlungen in Genf ausgeschlossen werden.«

Wie sich Deutschland in Zukunft in der Türkeifrage positioniert, hat also unmittelbare Folgen auch für die Zukunft der Jesiden.

Krieg macht ehrlich

Als ich in der Nacht des 13. November 2015 von den Pariser Anschlägen erfuhr, war ich schockiert. Meine Ängste und Befürchtungen waren mit einem Mal real geworden. Zugleich aber spürte ich beinahe eine Art der Erleichterung darüber, dass ich mit meinen Gefühlen nicht mehr allein war. Jetzt bemerkten alle, was mich schon lange umtrieb.

Seit meiner Rückkehr aus dem Irak hatte sich die jesidische Hälfte in mir unmittelbar vom Terror betroffen gefühlt. Die konkrete Angst, die ich im Irak verspürt hatte, war in Deutschland einem diffusen Gefühl der Bedrohung gewichen, wenn ich zum Beispiel in Berlin in ein Taxi stieg und bemerkte, dass der bärtige Fahrer auf eine Bemerkung von mir merkwürdig reagierte. Im Irak war die Lage klar gewesen. Kurden und Jesiden kämpften dort mit Waffengewalt gegen den IS. Hier aber ließ sich die Gefahr nicht dingfest machen. Und wenn ich öffentlich sagte, dass der Krieg, der im Nordirak tobte, ein Stellvertreterkrieg sei – heute wir, morgen ihr –, stieß ich bei meinen Gesprächspartnern meist auf Unverständnis. Ihre Reaktion erinnerte mich an eine Stelle in Goethes *Faust*, in der ein deutscher Bürger deklamiert:

Nichts Bessers weiß ich mir an Sonn- und Feiertagen,
Als ein Gespräch von Krieg und Kriegsgeschrei,

Wenn hinten, weit, in der Türkei,
Die Völker aufeinander schlagen.
Man steht am Fenster, trinkt sein Gläschen aus
Und sieht den Fluß hinab die bunten Schiffe gleiten;
Dann kehrt man abends froh nach Haus,
Und segnet Fried und Friedenszeiten.

Ein Mitbürger antwortet ihm:

Herr Nachbar, ja! so laß ich's auch geschehn:
Sie mögen sich die Köpfe spalten,
Mag alles durcheinander gehn;
Doch nur zu Hause bleibt's beim alten.

In diesem Dialog können wir uns heute sehr gut wiederfinden. Für viele Deutsche war der Krieg da hinten, »wo die Völker aufeinander schlagen«, lange Zeit weit weg. Der Völkermord des IS an den Jesiden fand in über 3000 Kilometer Entfernung statt. Weil ich in den Irak geflogen war, um die Verbrechen des IS an den Jesiden zu dokumentieren, wurde ich von vielen als mutig bezeichnet. Doch diejenigen, die mich für mutig hielten, verstanden nicht, dass meine Angst nicht aufhörte, als ich wieder in Deutschland war.

Die meisten Deutschen dachten sich: Sollen sie sich doch im Irak und in Syrien die Köpfe einschlagen, bei uns bleibt alles schön beim Alten. Die Pariser Anschläge aber machten auch dem Letzten klar, dass der Terror des IS nicht in einer anderen Welt stattfindet. Die Ideologie des »Islamischen Staats« fiel in Europa auf fruchtbaren Boden. Was es heißt, dem IS als todeswürdig zu gelten, konnte nun jeder Europäer nachvollziehen.

Als ich von den Anschlägen hörte, war ich daher für einen Moment verzweifelt. Ich rief einen Freund an, der auch in schwierigen Situationen immer eine Antwort für mich hat. Er sagte: »Wenn sich Raubtiere in die Enge getrieben fühlen, werden sie wild. Ein waidwundes Tier ist unberechenbar und versucht sich zu retten, indem es andere mitreißt.« Der IS litt unter wirtschaftlichen Problemen. Weder Saudi-Arabien noch die Türkei kauften noch Öl. Die Türkei war lange Zeit der beste Kunde des IS gewesen.

Die Attentate in Paris waren aber vor allem ein Beweis dafür, dass die Islamisten im Irak militärisch unter Druck gerieten. Am Morgen des 13. November 2015 hatten die Peschmerga, kurdische Volksverteidigungseinheiten aus Syrien (YPG) und Einheiten der Jesiden die Landstraße 47 erobert. Das ist die für den IS wichtige Verbindung zwischen der irakischen Großstadt Mosul, dem eigentlichen Zentrum ihrer Macht, und dem syrischen Rakka. Die kurdischen Kämpfer vertrieben den IS auch aus der Stadt Schingal, wo der IS Massaker an der jesidischen Bevölkerung verübt hatte. Die Eroberung von Schingal war aber mehr als nur ein militärischer Erfolg. Sie zeigte, dass der IS besiegbar ist. Der Fall Schingals war ein schwerer Schlag für die islamistische Propaganda. Zugleich war er ein wichtiges Signal für die Weltgemeinschaft, der ich vorwerfe, viel zu lange die Augen verschlossen zu haben. Wir haben den IS groß werden lassen, weil es nicht unsere Toten waren.

Paris steht schon lange im Fokus der Islamisten, immer wieder kam es dort in den vergangenen Jahren zu Anschlägen. Die Ursache liegt nicht zuletzt auch in Frankreichs kolonialer Vergangenheit in Nordafrika: So zogen hunderttausende Nordafrikaner im Zuge des Krieges gegen die algerische Unabhängigkeitsbewegung nach Frankreich. Ein großer Teil der billigen neuen Arbeitskräfte bezog die neuen Wohnkomplexe in den Vorstädten. Doch die in den Banlieus lebenden Migranten aus den ehemaligen Kolonien im Maghreb, aber auch aus anderen Teilen der muslimischen Welt haben sich oft nicht wirklich in die französische Gesellschaft integriert. Über Jahrzehnte wurden die Menschen und ihre Probleme in den Ghettos der Vorstädte weitgehend ignoriert, sie existierten für die Mehrheit nicht – auch dann nicht, als die Arbeitslosigkeit und Perspektivlosigkeit immer größer wurde. In Frankreich ist längst passiert, wovor wir in Deutschland warnen: Es bildeten sich trostlose Parallelgesellschaften. Unter den abgehängten, mitunter kriminellen Kindern und Enkeln der Migranten geht heute immer öfter die Saat des Salafismus auf. Hier finden radikale Islamisten wie der IS zahlreiche junge Menschen, die bereit sind, ihre Ideologie anzunehmen, weil sie eine einfache Lösung für ihre Existenzprobleme verspricht.

Nicht nur in Frankreich, auch in Deutschland gibt es Entwicklungen, die eine neue Qualität haben. Unsere Lebenswirklichkeit verändert sich, weil wir immer ängstlicher werden. Terror will Angst erzeugen. Doch wer sich in Angst versetzen lässt, hat schon verloren. Ich kann und will mich nicht mehr unsichtbar machen. *Fear is no opti-*

on, sagt man auf Englisch. Die Jesiden in Schingal waren tapfer, weil sie keine andere Wahl hatten.

Doch diese Tapferkeit hatte Folgen: Nach den Ereignissen im Sommer 2014 litten auch hier in Deutschland viele Jesiden unter Depressionen. Sie mussten sich in Behandlung begeben, weil sie das Trauma nicht verarbeiten konnten. Viele haben Verwandte im Norden Iraks, aber auch den übrigen geht das Schicksal der Jesiden dort sehr nahe. Ich hatte geglaubt, dass ich von der Reise in den Krieg kein Trauma davongetragen, dass mich die Trauer nicht hilflos gemacht hätte. Aber ich war aggressiv geworden, ohne es zu merken. Darauf haben mich meine Freunde und meine Familie hingewiesen: Du bist so aggressiv. Du bist so wütend. Ich dachte, Wut ist doch eine gute Sache, sie gibt mir die Energie, weiterzumachen. Es war eine Phase, in der ich ein bisschen auf mich aufpassen musste. Aber sie hat mich auch sensibilisiert für Menschen, die hinsehen, und solche, die wegschauen. Als meine Schwestern etwa shoppen gehen wollten, fuhr ich sie an: »Wie könnt ihr shoppen gehen, wenn euer Volk abgeschlachtet wird?« Sie sagten, jetzt übertreib mal nicht, das Leben muss doch weitergehen. Ich sagte ihnen, nein, ihr habt eine Verantwortung. Jeder Mensch hat eine Verantwortung in diesem Leben.

Freunde haben mich fanatisch genannt, diese Freundschaften habe ich aufgekündigt. Ich habe gesagt, wenn ihr mich fanatisch nennt, habt ihr mich nicht verstanden. Krieg macht ehrlich. Plötzlich werden Menschen wichtig, die dich verstehen, die mitgehen und die richtigen Dinge tun. Mut hat viele Gesichter. Und Bedenkenträger gibt es in allen Schichten.

Als ich aber im vergangenen Sommer in Passau die ersten Jesiden traf, die aus den irakischen und syrischen Kriegsgebieten geflohen waren, war auch ich überrascht, wie schnell dieser Krieg in Deutschland angekommen war. Mit einem Filmteam war ich unterwegs, um über die Flüchtlinge zu berichten, die in Bayern eintrafen. In Passau begleitete ich die Bundespolizei. Auf den Landstraßen kamen uns Flüchtlinge entgegen, und wir fanden heraus, dass es Jesiden waren. Ich wusste, was diese Menschen erlebt hatten. Trotzdem hatten sie die Torturen dieses langen Fluchtwegs auf sich genommen. Ob es die Jesiden sind, die aus Schingal flüchten, ob es die Verbrechen des IS sind, der seinen Terror nach Europa trägt, oder die Fassbomben, die Assads Armee über Wohnvierteln abwirft: Wir können uns den Luxus nicht mehr erlauben zu glauben, die Ereignisse in Irak und Syrien hätten nichts mit unserer Lebenswirklichkeit zu tun. Der Terror ist da, der Völkermord ist da, der Bürgerkrieg ist da, die Flüchtlinge sind da. Wenn es um die innere Sicherheit geht, ist Ignoranz lebensgefährlich. Wir müssen uns fragen: In welche Gesellschaft wollen wir unsere Kinder entlassen? Als ich meinen Film drehte, sagten viele noch: »Das hat doch mit meinem Leben nichts zu tun.« Inzwischen haben alle verstanden, dass der Krieg im Mittleren Osten kein Randthema ist, das uns nicht zu beschäftigen braucht.

Mein Film ist gedreht für diejenigen, die keine Stimme haben. Für die, die keine Angst mehr haben sollen. Viele

Menschen in meiner Umgebung empfinden mich als rastlos, weil ich möglichst viel mit diesem Film erreichen will. Aber ich habe keine andere Wahl. Ich werde weiter die Wahrheit sagen. Es ist das richtige Leben, das ich jetzt lebe.

Ich setze meine Streitlust ein für unsere Werte, für mein Deutschsein, für das Grundgesetz und für die Jesiden. Im vergangenen Jahr habe ich fast täglich Vorträge gehalten. In Schulen, Kirchen, im Rotary Club. Immer stand das Verbindende im Vordergrund, ließen sich über religiöse und kulturelle Unterschiede hinweg Gemeinsamkeiten entdecken. Nach jedem Vortrag kamen Menschen zu mir und sagten: »Es ist wichtig, dass es Sie gibt. Es ist wichtig, was Sie sagen. Machen Sie bitte weiter!«

Es überrascht mich immer wieder, dass meine Vorträge solche Reaktionen auslösen, obwohl ich doch nur nüchtern die Zustände beschreibe. Dass ich die Wahrheit sage, gefällt allerdings nicht allen. In den sozialen Netzwerken werde ich von in Deutschland aufgewachsenen Kindern von Migranten diffamiert und bedroht. Es gibt Leute, die mir unverblümt dasselbe Schicksal wie meinen Glaubensgenossinnen im Irak wünschen – und das nur, weil ich die Rechte der Jesiden und Deutschlands demokratische Werte verteidige. Man beleidigt mich, ich werde als Teufelsanbeterin und Hure beschimpft.

Spätestens wenn in Deutschland geborene Menschen mich wegen meines demokratischen Engagements angreifen, ist das auch ein deutsches Problem. Diese Menschen bedrohen die Demokratie. Nicht nur islamistische Hardliner und organisierte Neonazis, die ich die bösen Zwillinge nenne, bedrohen unsere Demokratie, sondern auch die vielen, die unsere demokratischen Werte nicht akzeptieren und dagegen öffentlich Propaganda machen. Radikale Salafisten auf der einen und Rassisten und Fremdenfeinde auf der anderen Seite melden sich jetzt noch lauter zu Wort. Wie Rattenfänger versuchen sie sich die Unruhe im Land und die Orientierungslosigkeit der Politik – für die sie gute Antennen haben – zunutze zu machen.

Seit meiner Reise in den Irak hat sich mein Leben grundlegend geändert. Nie war es ehrlicher. Manchmal bekomme ich Mails, in denen es heißt: »Du kannst dir ja erlauben zu sagen, was du denkst. Die Deutschen stehen hinter dir, weil du Jesidin bist.« Ich habe kein Problem damit, als Feigenblatt für die Deutschen angesehen zu werden. Vielleicht bin ich das, aber wenn es so ist, dann dient es einem guten Zweck: Die Deutschen, die mich unterstützen, tun das, weil sie sich um ihre Demokratie und ihre Freiheit sorgen. Die Tatsache, dass ich als Jesidin keiner Buchreligion angehöre, macht mich frei, auch für das Grundgesetz. Ich befinde mich in keinem Konflikt zwischen einer von Gott offenbarten Schrift und den menschlichen Gesetzen. Ich muss mit niemandem über Werte streiten. Als Jesidin bin ich nur mir selbst verpflichtet.

Hilferuf

In »Háwar« zeige ich das Leid und die Hilflosigkeit der Jesiden. Ich nehme den Zuschauer mit auf eine Reise in den Krieg und lasse ihn die Ereignisse durch meine Augen sehen: die Augen einer Deutschen und einer Jesidin. Ich wollte den Völkermord in all seinen schrecklichen Ausmaßen sichtbar machen. Für einen Filmemacher ist es die wichtigste Aufgabe und zugleich die größte Herausforderung, Augenzeugen vor laufender Kamera zum Sprechen zu bringen.

Es war mir wichtig, in meinem Film auch dessen Entstehungsgeschichte offenzulegen und zu zeigen, wie ich mich während des Prozesses verändere: Ich fahre als Journalistin in den Irak und werde dort zur Kriegsberichterstatterin. Weil ich aber über den Genozid an den Jesiden berichte, bin ich auch Betroffene. Jeder kann sehen, dass ich nicht so souverän bin, wie ich dachte. Dass ich an Grenzen stoße und unter dem Leid zusammenbreche. Zugleich zeige ich, wie ich meine neue Rolle annehme.

Ich war mit dem Produktionsauftrag von Stern TV losgeflogen und habe die wichtigste Geschichte meines Lebens parallel gedreht. In dem Beitrag für Stern TV waren erstmals Bilder von diesem Kriegsschauplatz zu sehen.

Dass ich als der Neutralität verpflichtete Journalistin und zugleich als Betroffene berichtet habe, wurde in der Redaktion kritisiert. Der Redaktionsleiter und Geschäftsführer Andreas Zaik hat aber verstanden, worum es mir ging und warum ich gar nicht anders handeln konnte. Er setzte durch, dass ich im Studio saß, als der Beitrag gezeigt und diskutiert wurde. Für ihn war es die ehrlichste Form, damit umzugehen, dass ich nicht nur Journalistin, sondern auch Betroffene war.

Einen Film so weit fertigzustellen, dass ihn alle sehen können, ist ein Kampf für sich. Mir war von Anfang an klar, dass ich in diesem Fall keine Kompromisse eingehen würde. Ich musste selbst die Kontrolle über den Film und seine Geschichte behalten, sie war zu wichtig. Es schien aber lange nicht möglich, das Geld für die Produktion aufzutreiben. Mein Team und ich waren in den Irak gereist, um die Verbrechen an den Jesiden zu dokumentieren. Dafür waren wir ein großes Risiko eingegangen.

Doch nun wollte niemand unseren Film finanzieren.

Ich war müde und erschöpft, und ich wollte erst gar nicht zu der Berlinale-Party gehen, zu der mich eine türkische Freundin mitnehmen wollte. Nachträglich bin ich ihr dankbar dafür, dass sie mich mit Nachdruck dazu überredete, sie zu begleiten. Denn dort traf ich einen Mann, der keine Sekunde zögerte, als ich ihm von meiner Geschichte erzählte. Er war in der DDR aufgewachsen. Vielleicht ist es kein Zufall, dass gerade er sich aufgerufen fühlte, mir zu helfen. Ihm war bewusst, wie wichtig es ist, im entscheidenden Moment die Kamera auf die Geschehnisse zu richten. Zu dokumentieren, was passiert, die Schrecken im Bild festzuhalten. Er sagte einen wunderbaren Satz: »Ich möchte, dass alle diesen Film sehen. Mach dir keine Sorgen darüber, was es kosten wird.« Ist das nicht Menschlichkeit? Ist das nicht Solidarität?

Es ist eine schlimme Phase, die wir gerade durchleben. Trotzdem könnte ich manchmal heulen vor Glück, weil ich solche Momente seither immer wieder erlebe. In Deutschland habe ich von vielen Menschlichkeit erfahren. Menschen riskieren etwas, wenn sie sich für diesen Film einsetzen, ohne eine Gegenleistung zu verlangen: »Auch wenn sich dieser Film nicht rentiert, haben wir mit ihm etwas Gutes getan. Alle sollen wissen, was da mit euch passiert ist. Dafür werden wir sorgen.« Das heißt für mich, an jemanden zu glauben. Die Solidarität, die ich erfahren habe, als es darum ging, auf das Schicksal der Jesiden aufmerksam zu machen, wird am Ende stärker sein als der Hass, das hoffe ich zumindest. Hoffnung zu haben, Möglichkeiten zu sehen – das ist wichtig für mich.

Viele Türen haben sich geöffnet, viele Menschen haben sich anrühren lassen. Zugleich haben diese Menschen etwas zurückbekommen: das Gefühl, etwas Sinnvolles getan zu haben und nicht wegzusehen. Ich stelle in meinem Film auch die Frage, wer sich an einem Massenmord schuldig macht. Sind nur diejenigen schuldig, die ihn begehen, oder auch die, die nicht hinschauen?

Die Deutschen haben nicht weggeschaut. Das zeigte sich für mich am 1. September 2014, als der Bundestag zu einer Sondersitzung zusammentrat. Angela Merkel verlas eine

Regierungserklärung über humanitäre Hilfe für Flüchtlinge im Irak und zum Kampf gegen die Terrororganisation IS. Es war symbolträchtig, dass die Kanzlerin am Jahrestag des Beginns des Zweiten Weltkriegs dafür plädierte, Fahrzeuge, Waffen und Munition aus vorhandenen Beständen der Bundeswehr an die Streitkräfte der autonomen Region Irakisch-Kurdistan abzugeben. Es gab Stimmen, die davor warnten, die Waffen könnten in falsche Hände geraten. Angela Merkel aber sagte: »Das, was ist, wiegt in diesem Falle schwerer als das, was sein könnte.« Und sie fügte mit Blick auf die Jesiden hinzu: »Das immense Leid vieler Menschen schreit zum Himmel, und unsere eigenen Sicherheitsinteressen sind bedroht. Wir haben jetzt die Chance, das Leben von Menschen zu retten und weitere Massenmorde im Irak zu verhindern.«

Ich bin sehr dankbar, dass die CDU/CSU-Bundestagsfraktion ungefähr ein Jahr später unseren Film in ihrem Sitzungssaal zeigte. Es war ein Zeichen, dass wir im Parlament gehört wurden. Die anderen Fraktionen sind der Union gefolgt und haben den Film kurz darauf ebenfalls vorgeführt. Dass ich in dem ehrwürdigen Gebäude, in dem der Bundestag zusammenkommt, im Fraktionssaal der Unionsfraktion sprechen durfte, an demselben Mikrofon, an dem sonst Angela Merkel ihre Reden an die Parlamentarier von CDU und CSU hält, war ein bewegender Moment, der mich glücklich gemacht hat, auch wenn uns ein trauriges Thema zusammengebracht hatte.

Jeder Einzelne, der da saß, hatte mit mir auf die eine oder andere Weise zu tun. Meine gesamte Familie war aus Hannover in einem Bus zur Filmvorführung angereist. Man konnte meine Onkel mit den dicken Schnurrbärten und meine Tanten in ihren Trachten nicht übersehen. Sie schienen aus einer anderen Zeit zu kommen. Es sah aus, als habe man Menschen von einem Dorfplatz irgendwo in Kurdistan ins Foyer des Sitzungssaals verpflanzt. Ich habe den Film auch für sie gemacht. Es war das erste Mal, dass auf höchster Ebene die Stimme der Jesiden gehört wurde und man ihnen solche Wertschätzung entgegenbrachte. Noch nie zuvor hatte man ihnen gesagt: Heute hören wir nur euch zu. Viele Zuschauer hatten nach dem Film das Bedürfnis, sich zu umarmen. Ich war ein bisschen nervös, aber nicht aufgeregt. Es schien mir, als wäre ich ein ganzes Leben lang auf diese Aufgabe vorbereitet worden.

Schon als Kind hatte ich das Gefühl gehabt, dass ich in Deutschland dazugehöre. Ich war vier Jahre alt, als mich mein Vater zum ersten Mal in den niedersächsischen Landtag mitnahm. Ich kann mich gut an die Atmosphäre erinnern, weil ich danach noch oft mit meinem Vater im Landtag war. Ich glaube, dass ich damals intuitiv verstanden habe, was es heißt, in einer Demokratie, in einem Rechtsstaat zu leben: Im Parlament wird über unsere Werte gesprochen, darüber, wie wir unser Zusammenleben gestalten wollen. Ich habe verstanden, dass wir etwas ändern können in der Welt und dass wir dafür verantwortlich sind. Dass wir unsere Stimme erheben können und dass wir gehört werden, wenn wir das tun. Ich konnte mich mit den Rednern am Pult identifizieren. Ich wollte ja auch immer gehört werden und hatte immer etwas zu sagen. Die Reden im Landtag haben mich beeindruckt. Ich dachte, so möchte ich auch auftreten. Es hatte etwas Beflügelndes.

Nun stand ich am Rednerpult. In meiner kurzen Rede im Saal der Unionsfraktion wollte ich angesichts der Gewalt und des Hasses vor allem auf die Gemeinsamkeiten zwischen den Menschen hinweisen, egal ob sie Jesiden, Christen oder Muslime sind. Wenn ich auf die Lage der Jesiden aufmerksam mache, dann geht es mir darum, dass sie Menschen sind, die unsere Hilfe brauchen. Solche Gewalt kann jeden von uns treffen. Ein Politiker sagte hinterher zu mir: »Wenn Sie so wichtige Sätze sagen wie heute, denken Sie daran, danach einmal ein- und auszuatmen, damit die Zuhörer Gelegenheit zum Applaudieren haben.« Ich habe ihm geantwortet, dass ich Filmemacherin und keine Politikerin bin. Als ich sagte, dass ich zwei Väter habe, meinen anwesenden kurdischen Vater und das Grundgesetz der Bundesrepublik Deutschland, haben trotzdem alle geklatscht.

Mein Ziel war es, das Gefühl zu vermitteln, dass wir nicht so fremd sind, wie viele denken. Und dass wir hoffentlich auch ein Gewinn für die hiesige Gesellschaft sind. Auch das galt für viele, die an diesem Abend zusammengekommen waren, Muslime, Aleviten, Christen und Jesiden. Viele der Menschen, die an diesen Abend gekommen waren, um sich gemeinsam den Film anzusehen, hatten einen Migrationshintergrund. Mich hat diese Vielfalt sehr beeindruckt. Es war ein Beispiel für Einheit in Vielfalt.

Meine Mission war, den Menschen etwas zurückzugeben, vor allem den Deutschen. Das sagt auch etwas über die Jesiden aus. Selbst in so einer schweren Stunde versuchen wir zu zeigen, dass wir dankbar sind. Das habe ich von meinem Vater gelernt.

Die Macht der Begegnung

Jede religiöse Rede ist auch eine politische Rede. Die Jugendlichen, die von der islamistischen Ideologie betäubt werden, realisieren das nicht. Die Propaganda des »Islamischen Staates« (IS) arbeitet gezielt mit Bildern, die belegen sollen, dass der Westen Muslime tötet. Der IS predigt eine streng wahabitische Auslegung des Islam, verhält sich aber nicht so, wie die meisten Muslime den Islam verstehen und den Koran interpretieren. IS-Kämpfer verstoßen in vielerlei Hinsicht gegen ihre religiösen Pflichten. Sie nehmen Drogen, sie trinken Alkohol, und sie vergewaltigen Frauen.

Die Jugendlichen, die mit dem IS sympathisieren, glauben oft, dass sie eine gute Sache vertreten. Deswegen ist es wichtig, den falschen Versprechen der Dschihadisten durch Aufklärung entgegenzutreten. Unsere Aufgabe als Gesellschaft muss es sein, die verblendeten jungen Menschen mit Gegenbildern zu konfrontieren. Man muss mit ihnen diskutieren, sich mit ihnen austauschen. Man darf sie nicht im anonymen, rechtsfreien Raum der sozialen Medien zurücklassen. Diese Jugendlichen sind die Täter von morgen. Wir machen es uns zu einfach, wenn wir so tun, als gehe uns das nichts an.

Die Kinder, Jugendlichen und Männer, die Mädchen und Frauen aus Deutschland, die sich dem IS anschließen, wurden auch in Deutschland sozialisiert. Inzwischen sind es fast tausend, die diesen Weg gegangen sind, darunter ungefähr hundert meist noch sehr junge Frauen. In Syrien und Irak findet also auch ein deutscher Krieg statt. Manche der IS-Kämpfer aus Deutschland haben einen Migrationshintergrund, manche nicht, da auch viele Konvertiten darunter sind. Weil das so ist, haben wir es mit einem deutschen Problem zu tun. Deswegen gehe ich seit Fertigstellung meines Films regelmäßig in Schulen, zeige ihn dort und diskutiere mit den Schülern.

Als ich meinen Film zum ersten Mal in einer Schule zeigte, habe ich die Schüler genau beobachtet. In der Aula der Martin-Buber-Oberschule in Berlin-Spandau hatten sich die Klassen 8 bis 10 versammelt, Jugendliche zwischen 14 und 16 Jahren. Ich wusste, dass sich unter den Schülern auch zahlreiche Muslime befanden. Sie wollte ich vor allem erreichen: »Hier sitzen viele junge Muslime, und ich weiß, dass ihr unsicher seid, weil ihr denkt, es gehe hier um eure Religion. Aber es geht nicht um eure Religion. Wir sprechen über den ›Islamischen Staat‹. Ihr müsst zwischen eurer Religion und dem IS unterscheiden. Ihr werdet in den Filmausschnitten sehen, dass der IS grausame Verbrechen verübt, die IS-Kämpfer töten sogar Kinder. Wenn ihr Fragen habt, dann redet mit mir darüber.«

Ich konnte mich gut in diese jungen Menschen hineinversetzen, in den Leistungsdruck, den sie haben, aber auch den Druck, dazugehören zu wollen. Nicht nur den Muslimen, jedem dieser Jugendlichen wollte ich etwas mitgeben, den Schülern mit deutschen Großeltern genauso wie den kurdischen, türkischen und polnischen, den Rowdys ebenso wie den Angepassten. Ich habe die Schüler in ihrer Vielfalt wahrgenommen und versucht, sie individuell dort zu erreichen, wo sie gerade standen – mit ihrer Neugier und ihren Fragen, aber auch mit den Zweifeln, die sie umtrieben.

Die Veranstaltung wurde von einer Schülerin moderiert, es gab eine Podiumsdiskussion, und danach durfte sich jeder zu Wort melden. Heute gibt es bei jeder Schulveranstaltung eine Moderatorin oder einen Moderator aus der Schülerschaft. Sie sind nicht unser Problem. Wichtiger finde ich, dass wir uns mit den Schülern auseinandersetzen, die gebrochene Biografien haben, dass wir die Schüler erreichen, bei denen wir das Gefühl haben, sie tun sich schwer.

In der Aula wurde eine zwanzig Minuten lange Version des Films gezeigt. Manche Jugendliche aus deutschen Familien sagten danach, sie würden gern jesidischen Kindern in der Schule helfen. Ich habe ihnen gesagt: »Helft nicht nur jesidischen, helft auch muslimischen Kindern!« Entscheidend ist, dass wir Gemeinsamkeiten schaffen. Es ist wichtig, jungen Muslimen in Deutschland zu erklären, dass nicht nur Jesiden, Christen und andere Minderheiten vom IS getötet werden, sondern auch Muslime. Das muss man gerade bei Kindern und Jugendlichen immer wieder betonen. Mir schien, dass viele Schüler dankbar waren, über das Thema IS einmal offen diskutieren zu können. Ich hatte das Gefühl, dass ihr Gesprächsbedarf groß war.

Die Jugendlichen hatten die Pressemappe zum Film bekommen, hatten selbst recherchiert und sich intensiv mit der Thematik auseinandergesetzt. Die Schule hatte die Schüler hervorragend auf diesen Tag vorbereitet, unter anderem mit einer Projektwoche über Rassismus und Flüchtlinge. Ich finde, gesellschaftlich so relevante Themen wie Grundrechte und Grundgesetz, Rassismus, Flüchtlinge und Asylpolitik dürfen in der Schule nicht nebenher laufen. Man sollte sie zu einem eigenen Unterrichtsfach erklären. Wir müssen uns auch in der Schule auf die neuen Bedingungen einstellen, unter denen unsere Kinder aufwachsen.

Eine Stunde lang sprachen wir miteinander. Die Fragen, die sich die Schüler vorab überlegt hatten, haben mich beeindruckt. Ein Schüler wollte wissen, ob ich es manchmal doof fände, Jesidin zu sein. Ich antwortete ihm, dass das eine sehr gute Frage sei, weil man als Jesidin schon als Kämpferin zur Welt kommen muss. Man steht qua Herkunft vor einer Herausforderung. Je nachdem, an welchem Fleck der Erde man geboren wird, geht es entweder ums blanke Überleben oder ums Überleben in der Diaspora, in der man ein Fremder ist. Jesidin zu sein ist nichts für schwache Nerven. Von klein auf muss man sich mit dem Eigenen, den anderen, der Religion und mit sich selbst auseinandersetzen. Ich habe durchaus von dieser Auseinandersetzung profitiert – auch wenn es immer wieder Momente gab, in denen ich dachte: Kann ich nicht einfach eine Julia sein, ein deutsches Mädchen, das all diese Probleme nicht hat? Inzwischen halte ich mich sogar für privilegiert. Es kann von Vorteil sein, wenn man gezwungen ist, die eigene kulturelle Prägung und Tradition genauso zu hinterfragen wie die Gepflogenheiten der Mehrheitsgesellschaft. Es gibt aber auch Jesiden, die nur ihren Job machen und ihr Leben leben wollen. So, wie viele andere Deutsche auch.

Ein anderer Schüler fragte, ob es im Krieg auch etwas Schönes gäbe. Ich sagte ja, die Reduzierung auf das Wesentliche, das Ehrliche, das Authentische und den starken Zusammenhalt kann man als etwas sehr Positives erfahren. Ich habe den Schülern davon erzählt, dass ich Menschen getroffen habe, die bereit waren, ihr Leben für mich zu riskieren. Und dass ich noch nie so wenig gegessen habe wie in den Tagen, als ich an der Front war. Doch den Geschmack des Essens, das ich dort bekommen habe, werde ich nie vergessen. Das selbst gebackene Brot, die Gurken und die Tomaten waren so viel mehr wert als das, was man gewöhnlich im Supermarkt kaufen kann. Im Krieg schrumpfen die eigenen Probleme, sie werden klein, es geht nur noch um effektive, unkomplizierte Entscheidungen, um Ergebnisorientiertheit. Es gibt keinen Platz zum Jammern mehr. Eben das ist vielleicht auch der Grund, warum manche Jugendliche aus Europa in den Krieg ziehen. Meist sind sie nicht alltagstauglich. Sie haben Schule, Ausbildung oder Studium abgebrochen und tun sich schwer, eine sinnvolle Aufgabe im Leben zu finden. Oft können sie mit Papierkram und Behörden nicht umgehen. Für viele ist Krieg einfacher, so krass das klingt.

Als wir unseren Film in Spandau zeigten, fühlte ich mich in meine eigene Schulzeit zurückversetzt. Die Lehrer teilten sich in zwei Gruppen: Da gab es die Ermöglicher, die nach vorne blicken, die ihren Schülern neue Erfahrungen verschaffen, sie zum Nachdenken und einer eigenen Meinung anregen wollen, und es gab die Konservativen, die Bedenkenträger, die sich am Bestehenden orientieren und die es zu überzeugen galt. Als ich die beherzte Lehrerin traf, deren Einsatz es zu verdanken war, dass der Film in der Schule gezeigt und diskutiert werden konnte, musste ich an meinen eigenen Deutschlehrer denken, dem es auch immer ums Möglichmachen ging. Solche Menschen müssen wir stärken.

Schule prägt uns viel stärker, als wir uns selbst zugestehen. Die Verantwortung von Lehrern ist groß. Die Aussagen, die sie treffen, die Verhaltensweisen, die sie an den Tag legen, machen etwas mit uns. Manchmal bestimmen sie unser Verhalten noch Jahre später. Wir erinnern uns an die, die uns gefördert und uns Kraft gegeben haben, aber auch an die, die uns gebremst haben. Einer meiner Freunde, die mich nach Spandau begleitet haben, fand die Atmosphäre dort bedrückend. Seine eigenen schlechten Erfahrungen in der Schule holten ihn ein.

Als Kind wurde ich von vielen Lehrern gefördert, manche versuchten mich aber auch auszubremsen. Ich habe mich allerdings nie ausbremsen lassen.

Noch heute wünsche ich mir, die Deutschen würden öfter den Fuß von der Bremse nehmen und sich neuen Ideen gegenüber offener zeigen. »Das war schon immer so!«, hört man oft. Oder noch apodiktischer: »Das muss so sein!« Wer sagt, es sei schon immer so gewesen, wie es ist, gibt bestenfalls eine Beschreibung ab. Wer mit Nachdruck sagt, das müsse so sein, stellt eine Behauptung auf, die ich nicht nachvollziehen kann. Dass etwas so bleiben muss, wie es immer schon war, ist eine absurde Vorstellung in einer sich schnell verändernden Welt.

Ich habe großen Respekt vor der Schule, und den haben auch die meisten Schüler, sogar die unangepassten. Wenn ich meinen Film in Schulen zeige und mit Schülern und Lehrern darüber diskutiere, strahlt das in die gesamte Gesellschaft aus. Abends gehen die Schüler nach Hause und erzählen ihren Eltern davon. Dann wird das Thema plötzlich greifbar. Der Mythos des »Islamischen Staates« muss entzaubert werden. Es nützt wenig, den Schülern ein paar trockene Fakten über die Ideologie und die Verbrechen des IS zu vermitteln. Es ist unsere Pflicht, Aufklärung zu betreiben, und das funktioniert am besten über eine persönliche Begegnung. »Begegnung« ist ein wichtiger Begriff in Politikerreden. Aber diese Begegnung findet viel zu selten statt. Viele Jugendliche erleben Austausch heute vor allem in den sozialen Medien, in denen viel Propaganda und Hass zirkuliert. Man muss Erfahrungen erlebbar machen.

Gerade für junge Menschen müssen wir eine neue Debattenkultur schaffen. Es sollten Debattierclubs gegründet werden, in denen über Flüchtlinge, Rassismus und Politik offen diskutiert werden kann – ohne dass diejenigen, die abweichende Meinungen äußern, diffamiert werden. Ich bin sicher, dass viele Menschen ein solches Angebot gern wahrnehmen würden. Solche Auseinandersetzungen finden heute viel zu wenig statt, auch weil es nicht mehr so viele bürgerliche Haushalte gibt, in denen am Abendbrottisch diskutiert wird. Als Kind habe ich meine deutschen Schulfreunde beneidet, bei denen ich das erleben konnte. Ich habe es geliebt, mich einzubringen, als ob ich dazugehören würde. Ich hatte viele Fragen und habe es als großes Geschenk empfunden, wenn die Eltern meiner Freunde ihre Erfahrungen mit uns Kindern teilten. Meist handelte es sich dabei um Akademikerfamilien, und ich merkte, dass meine deutschen Freunde solche Diskussionen ganz normal fanden. Oft hat es sie sogar genervt, mit ihren Eltern diskutieren zu müssen. Ich dachte manchmal: Ihr seid undankbar! Ihr wisst nicht zu schätzen, was ihr bekommt. Nicht selten habe ich meine Freunde auch danach ausgesucht, ob sie Eltern hatten, die gebildet waren und gern mit uns Kindern sprachen.

Sich mit den Argumenten des anderen kritisch auseinanderzusetzen ist eine Fähigkeit, die leider viel zu selten geübt wird. Ich sehe das an meinen Neffen, die oft mit Gedankengut nach Hause kommen, das mich fassungslos macht. Die Schule muss den Kindern dabei helfen, kritikfähig zu werden gegenüber Stereotypen, Vorurteilen und rassistischen Sprüchen wie »Wer nichts wurde, wurde Kurde«. Viele Schüler radikalisieren sich, weil sie an Verschwörungstheorien glauben. Am Tag nach den Anschlägen in Paris im November 2015 besuchte die Journalistin Alexandra Laignel-Lavastine ein Café in ihrem Viertel in Seine-Saint-Denis, um herauszufinden, wie junge Franzosen mit Migrationshintergrund auf die Anschläge reagieren. Vielen von ihnen gelten die Kämpfer des IS als »heldenhafte Krieger«, wie die Journalistin zuvor beobachtet hatte. Nun hoffte Laignel-Lavastine auf ein Umdenken aufgrund des Terrors mitten in Paris, der auch die Jugendlichen hätte treffen können. Doch die jungen Verschwörungstheoretiker hatten sich bereits Antworten zurechtgelegt, die in ihr Weltbild passten. Ein junger Mann erklärte der Journalistin, Muslime hätten die Anschläge per Definition nicht verüben können, da Muslime nicht töten würden. »Jetzt überleg doch mal für drei Sekunden: Ein Muslim tötet nicht. Töten ist für uns haram. So steht es im Koran.« Deswegen, so der Zirkelschluss, müsse hinter der ganzen Angelegenheit »ein Trick« stecken. Nachrichten und Bilder ließen sich leicht fälschen. Ein anderer meinte, es handle sich bei den Pariser Anschlägen einmal mehr um ein Komplott gegen Muslime und den Islam. Schon die angeblichen Gaskammern der Nazis seien eine zionistische Erfindung, die Anschläge vom 11. September 2001 seien eine Verschwörung des Mossad gewesen. Den Terror gegen die Redaktion von *Charlie Hebdo* im Januar 2015 habe der französische Inlandsgeheimdienst ausgeheckt. Der französische Staat wiederum sei selbst eine Marionette der Juden beziehungsweise der Zionisten. Rettung erhofften sich die jungen Männer von Wladimir Putin.

Was in den Köpfen mancher französischer Jugendlicher herumspukt, kann man so ähnlich auch in sozialen Netzwerken in Deutschland lesen. Der Psychologe Ahmad Mansour, der in Berlin-Wedding lebt, hat das beobachtet. Er wundert sich nicht über die antisemitischen Demonstrationen, die in Deutschland während des letzten Gaza-Kriegs stattfanden. Die jungen Leute, die auf diesen Demonstrationen mitmarschierten, lassen sich ihre krude Weltsicht in den sozialen Netzwerken bestätigen. »90 Prozent der Videos, die da mit dem Hinweis verbreitet werden, ›was die Juden in Gaza machen‹, stammen in Wirklichkeit aus dem Irak oder Syrien. Nicht, dass sich in Gaza keine schrecklichen Szenen abspielen. Aber keiner recherchiert das nach«, sagt Mansour. Er hält den Antisemitismus für eine der größten Gefahren für Europa. Viele Jugendliche mit Migrationshintergrund haben nie kritisch denken gelernt. Sie wachsen in patriarchalischen Strukturen ohne Diskussionskultur auf, in denen Schwarz-Weiß-Bilder und Verschwörungstheorien vermittelt werden, glaubt Mansour. Er fordert neue pädagogische Konzepte, um die Jugendlichen zu erreichen.

Dass Dschihadismus nicht nur anderswo, sondern mittelbar und unmittelbar auch für unsere Gesellschaft eine große Gefahr darstellt, ist zu lange unterschätzt worden. Jahrelang sah man tatenlos zu, wie sich junge Leute auf den Weg machten – auch weil man nicht alle überwachen konnte. Manche kommen ernüchtert aus Irak und Syrien zurück, andere lassen sich als Helden verehren. Es ist schlimm, dass Menschen sich von dieser Ideologie vereinnahmen lassen und nach Syrien in den Kampf ziehen. Noch schlimmer ist, dass es eine anonyme Masse von Menschen gibt, die in den sozialen Netzwerken die Taten des IS hemmungslos feiern. Im Netz begegnet man auch Hasspropaganda gegen die Jesiden, die als Teufelsanbeter beschimpft werden. Dort wird verbreitet, dass Jesiden den Islam bedrohten und zerstörten. Man liest: »Ihr Scheiß-Jesiden, wir ficken euch!« Ich frage mich, wer das »Wir« ist, auf das sich diese Menschen beziehen.

Schockierend ist auch, dass sich viele junge muslimische Mädchen an solcher Hasspropaganda beteiligen, dass der IS ihnen näher ist als unsere demokratische Gesellschaft. Gut hundert Mädchen wurden durch das Mädchennetzwerk des IS, das in Deutschland tätig ist, nach Syrien gelockt. In Rakka betreibt der IS ein Frauenhaus, von dem aus die Mädchen an heiratswillige IS-Kämpfer vermittelt werden. Das ist auch unser Versagen: Wenn dreizehnjährige Mädchen in den Heiligen Krieg ziehen, wären sie auch für unsere Angebote empfänglich gewesen. Stattdessen schenken sie der Behauptung des IS Glauben, er verteidige den Islam gegen den Westen.

Vielen muslimischen Jugendlichen bietet der IS die Möglichkeit, eine starke Identität zu entwickeln, sich nicht als Opfer zu fühlen, sondern an Macht teilzuhaben. Das Problem ist, dass sie das Gefühl, wichtig zu sein und gebraucht zu werden, woanders nicht bekommen. Weder in der deutschen Gesellschaft noch durch den traditionellen Islam oder das Beispiel säkularer Muslime wird ihnen dieses Gefühl vermittelt. Sie haben keine Helden. Wir bringen ihnen unsere Werte von Demokratie, Freiheit, Gleichberechtigung der Geschlechter und Chancengleichheit nicht oder nur ungenügend nahe.

Der seit 25 Jahren in Paris lebende Deutsch-Ägypter Asiem El Difraoui sagte über die Täter von Paris: »Die Leute, die das getan haben, wissen längst, dass sie nicht mehr reich werden. Die werden keine Fußballer oder Rap-Stars mehr, den Traum haben sie vielleicht als Kinder geträumt, inzwischen ist ihnen klar: Das wird nichts. Nachdem alles andere gescheitert ist und sie keine echte Chance zur Teilhabe hatten, können sie jetzt zu Helden werden, zu Märtyrern für die gute Sache. Das ist die Botschaft von Paris: ›Guckt mal, was ihr selbstverliebten Konsumenten für ein oberflächliches Leben habt, ihr Opfer.‹ Da haben junge Leute auf Gleichaltrige geschossen, um damit zu sagen: ›Ihr habt keine Werte.‹«

Ich habe bei einem Symposium des niedersächsischen Verfassungsschutzes zum Salafismus einen Vortrag gehalten. Die Art und Weise, worüber und wie dort über die Gefahren des Dschihadismus gesprochen wurde, schien mir zum Teil etwas weltfremd. Experten referierten dort auf hohem theoretischem Niveau und detailfreudig über die Unterscheidung zwischen Islam und Islamismus; es wurde darüber diskutiert, ob Islamismus überhaupt der richtige Begriff sei. Es ging sehr akademisch zu, und konkrete Probleme und Fragestellungen hatten wenig Platz. Es gab aber auch Beiträge, die sehr genau aufzeigen konnten, wie die Ideologie des Dschihadismus aufgebaut ist, wie Dschihadisten junge Leute agitieren und für sich gewinnen und wie in den sozialen Netzwerken verächtlich über die Demokratie gesprochen wird. Den Behörden sind diese Probleme bekannt, aber ich vermisse den nächsten Schritt. Ein Grund dafür sind fehlende Ressourcen.

Wo liegen die Alternativen? Nicht nur die Gesellschaft insgesamt, auch die Muslime sind aufgefordert, Rollenbilder zu entwerfen, die orientierungslosen Jugendlichen als

Vorbild dienen können. Moderne Muslime, gläubige wie säkular orientierte, sind aber öffentlich kaum sichtbar. Als Fernsehreporterin habe ich oft bemerkt, wie schwierig es ist, gläubige Muslime vor die Kamera zu bekommen. Das ist nicht zuletzt kulturell bedingt. Als Muslime haben sie dafür keinen Auftrag. Sie sind vielmehr Teil einer Tradition, in der Demut und Bescheidenheit sehr wichtig sind. Die Geschichten der Aussteiger – der ernüchterten IS-Kämpfer, die nach Deutschland zurückkehren – können viel dazu beitragen, das idealisierte Bild des »Islamischen Staats« zu korrigieren, das viele junge Muslime haben.

Es gibt auch Anzeichen, dass das Bewusstsein für die Notwendigkeit von Aufklärung innerhalb der muslimischen Community wächst, und zwar gerade dort, wo man es am wenigsten vermutet. Für viele Jugendliche ist HipHop die Leitkultur. Rap ist ein Geschäft, man kann als Rapper Karriere machen, und Rapper sind für viele Jugendliche Vorbilder. Sinan-G, ein persisch-deutscher Rapper, postete auf Facebook. Deso Dogg (alias Denis Cuspert) sei ein »ehrloses Monster«. Sinan-G sah sich daraufhin einem Shitstorm junger Muslime ausgesetzt, darunter waren viele seiner Fans, die ihm diese Äußerung übel nahmen. Die Politisierung der Rap-Kultur und die Positionierung dieser Vorbilder kann entscheidend dazu beitragen, Jugendliche positiv wie negativ zu beeinflussen. Von den Rappern fühlen sich die Jugendlichen repräsentiert. Wir sind zu weit weg.

Wir muten unseren Kindern viel zu wenig zu. Wir fordern sie nicht. Wir glauben, dass sie nicht über den Tellerrand hinausblicken können. Dabei finden die Kämpfe um die Deutung der Welt längst statt. Die Schüler sehen täglich Bilder, die sie einordnen müssen, ob das IS-Propagandavideos sind oder die Flut der Meldungen im Fernsehen. Die Jugendlichen erleben einen Widerspruch zwischen dem, was sie im Elternhaus und im Klassenzimmer hören, und dem, was sie draußen auf der Straße, auf dem Schulhof oder in den sozialen Netzwerken erleben.

Eine engagierte Lehrerin setzte sich dafür ein, dass mein Film in einer Schule in Berlin-Spandau gezeigt wird. Sie hatte Erfolg, musste aber hart dafür kämpfen. Die Bedenkenträger waren sofort zur Stelle: Dürfen wir das? Können wir den Kindern das zumuten? Ich bin davon überzeugt, dass wir ihnen mehr zumuten können, als wir gemeinhin glauben. Viele Lehrer wissen zu wenig über islamistische Propaganda. Sie wissen nicht, worüber Jugendliche in den sozialen Medien sprechen. Ich behaupte nicht, dass es keine Lehrer gibt, die sich der Probleme bewusst sind und dagegen angehen. Es gibt sie. Aber wir brauchen mehr.

Bei meinem Besuch in Spandau waren selbst die Rowdys handzahm. Sie meldeten sich zwar nicht bei der öffentlichen Fragerunde, kamen aber am Schluss persönlich zu mir. Einer von ihnen fragte, ob ich mit einem IS-Kämpfer sprechen würde. Ich sagte: »Selbstverständlich würde ich das. Ich würde mit jedem sprechen. Ich hätte viele Fragen an einen IS-Kämpfer. Ich würde ein Gespräch niemals verweigern, vor allem wenn es wichtig ist. Ich habe schon einmal mit einem IS-Kämpfer aus Deutschland gesprochen, Sebastian B., auch wenn ich erst hinterher erfahren habe, dass er in Syrien gewesen ist.«

Ich habe den Schülern zu erklären versucht, dass man keine Schere im Kopf haben darf. Man muss in der Sache hart sein, aber in der Kommunikation offen, um seine eigenen Argumente darlegen zu können. Man muss alle Seiten anhören, und wenn man als Journalist arbeitet, muss man auch alle Seiten zeigen. Ich habe den Schülern gesagt, dass ich mich gern im Gespräch mit einem IS-Kämpfer auseinandersetzen würde. Ich würde verstehen wollen, wie es so weit kommen konnte und warum er Jesiden umgebracht hat. Im Stillen habe ich überlegt, welche Fragen ich ihm stellen würde. Ob er wirklich glaubt, dass die Jesiden Ungläubige sind, Teufelsanbeter, die man töten darf? Ob er solche Behauptungen jemals hinterfragt hat, ob er gezweifelt hat an dem, was er glaubt und tut? Ob er Mitleid mit den Kindern hatte, die er zu Waisen gemacht hat? Ob ihm die Frauen leidtaten, die er verschleppt hat? Ob er jesidische Frauen vergewaltigt hat, und was das mit dem Islam zu tun hat? Ob ihn die Bilder des Schreckens manchmal heimsuchen? Ob er nüchtern war, ob er Drogen genommen hat, ob er Druck hatte oder nicht mehr rauskam aus der Spirale? Ob Töten Spaß macht? Ob er sich in der Lage fühlt, sich zu resozialisieren? Ob er ein schlechtes Gewissen hat? Ob es Geräusche gibt, an die er sich erinnern kann? Ich habe den Schülern nichts von diesen Fragen erzählt. Aber ich habe ihnen gesagt, dass ich offen sei dafür, mit einem IS-Kämpfer zu sprechen, weil ich das Feindbild nicht bestätigen wolle.

Später erhielt ich von etlichen Lehrern und Schülern, die an der Veranstaltung teilgenommen hatten, berührende Briefe. Ein muslimisches Mädchen schrieb mir, sie habe sich danach lange mit ihrer Mutter über das Thema unterhalten. Sie versprach, mitzuhelfen und sich zu engagieren. Helfen ist nicht so schwer, wie man denkt, und es ist auch nicht schwer, die richtigen Werte zu vermitteln. Als Jesidin meine Werte zu verteidigen heißt auch, in die Schulen zu gehen. Auf den Pausenhöfen sind unsere Werte heute bedroht. Erst wenn man die realen Probleme der Schüler kennt und weiß, wovon sie sich beeinflussen lassen, kann man nach Wegen suchen, sie zu lösen. Wir zeigen unseren Film inzwischen im ganzen deutschsprachigen Raum, auch in Österreich und der Schweiz.

II

Das große Migrationsdrama

Ich habe ein Bild vor mir. Mein Vater steht am Maschsee in Hannover. Er lässt wie ein kleiner Junge einen Stein übers Wasser hüpfen. Immer wenn der Stein das Wasser berührt, erfüllt er einen Wunsch seiner Kinder.

Nachdem mein Vater seine Frau und seine beiden älteren Kinder nach Deutschland geholt hatte, kam ich zur Welt. Meine älteren Geschwister sind noch in der Türkei geboren, ich war das erste deutsche Kind in der Familie. Ich glaube, für meine Eltern war ich das gelebte Deutschsein: Das ist das Kind, das uns mit Deutschland verbindet, weil es schon im Kindergarten die Sprache erlernt. Mein Vater kümmerte sich darum, dass ich einen Platz in einem guten Kindergarten bekam.

Meine Eltern stammen aus Südostanatolien, einem Dorf namens Cinar in der Nähe der Stadt Diyarbakir, nicht weit von der syrischen Grenze. Dort sind sie beide aufgewachsen. Mein Vater war ein intelligentes Kind. Ich glaube sogar, dass er ein Streber war. Er hat mir erzählt, dass seine Mitschüler oft vom Lehrer geschlagen wurden, wenn sie dessen Fragen nicht beantworten konnten. »Aber ich habe mich immer gemeldet. Dann habe ich vorne gestanden und konnte alles auswendig hersagen. Ich habe nie Schläge bekommen.« Als er die Grundschule abschloss, kamen zwei Männer aus Ankara zu seinem Vater und sagten: »Ihr Sohn ist begabt, er sollte auf die Oberschule gehen.« Mein Großvater aber weigerte sich. Er hatte Angst, dass sein Sohn missioniert werden könnte. Mein Vater hat diese Entscheidung meines Großvaters gut verstanden; er war als Jeside erzogen worden und hatte ein starkes Bewusstsein für die Gefahren, denen unsere Gemeinschaft ausgesetzt war. Zugleich war er jedoch enttäuscht, dass er nicht weiter zur Schule gehen und lernen durfte. Wenn ein junger Mensch – noch dazu, wenn er so bildungshungrig und ehrgeizig ist wie mein Vater – in seinen Möglichkeiten eingeschränkt wird, ist das eine schlimme Erfahrung, damals wie heute.

Bei meinem Vater siegte die Vernunft, er fügte sich. Obwohl er nie studieren konnte, ist er doch vom Typ her ein Intellektueller. Während er als Junge den Acker pflügte und die landwirtschaftlichen Arbeiten verrichtete, die so gar nicht zu ihm passten, sah er manchmal Flugzeuge am Himmel. Dann träumte er davon, frei zu sein und in einem der Flieger zu sitzen. Er lernte meine Mutter kennen, sie heirateten kurze Zeit später. Dass aus dieser arrangierten Ehe einmal Liebe werden würde, war damals nicht vorhersehbar. Aber so ist es heute: Meine Mutter und mein Vater lieben sich innig; sie hatten großes Glück.

Anfang der Sechzigerjahre suchte die Bundesrepublik händeringend Arbeitskräfte. Mein Vater ahnte, dass ihm in Deutschland mehr Möglichkeiten offenstünden als in einem kleinen anatolischen Dorf. Immer häufiger fragte er sich: Was soll ich denn noch hier? 1968 war er 22 Jahre alt und traf eine Entscheidung: Ohne einen genauen Plan, was seine Zukunft anging, aber voller Hoffnung machte er sich auf den Weg nach Deutschland. Meine Mutter und meine beiden älteren Geschwister ließ er zurück; wie die meisten Gastarbeiter sah er sich nicht als Migrant. Er ging zum Arbeiten nach Deutschland, in der niedersächsischen Kleinstadt Helmstedt wurde er als Hilfsarbeiter beschäftigt. Er hat anfangs auf dem Bau gearbeitet.

Von Helmstedt zog er weiter nach Hannover, wo er Werner Zwingmann kennenlernte. Zwingmann fragte: Wer bist du? Mein Vater erklärte: Kurde und Jeside. Zwingmann stellte ihn ein. Er war der erste Deutsche, der meinem Vater Glück brachte. Zunächst arbeitete er in Zwingmanns Garten, später war er in dessen Firma als Fliesenleger angestellt. Dass Werner Zwingmann meinem Vater Arbeit gab, stellte die Weichen für unser ganzes späteres Leben. Wer Arbeit hatte, durfte in Deutschland bleiben, wer keine hatte, musste wieder gehen.

Mein Vater sparte. Er hatte einen Fußweg von einer Stunde und zwanzig Minuten zu seiner Arbeitsstelle, weil er das Geld für die Bahn lieber zurücklegte. Nach anderthalb Jahren aber packte ihn das Heimweh, und er kehrte zurück zu seiner Frau und seinen beiden Kindern. Er war wieder da, in seinem Dorf, bei seiner Familie. Doch er war nicht mehr derselbe wie vor seiner Zeit in Deutschland. Das Geld, das er erspart hatte, musste er an seine Brüder verteilen. Das tat er gern, für Jesiden ist die Familie das Wichtigste. Im Stillen aber fragte er sich: Wer bin ich in diesem Dorf? Er fühlte sich zurückgeworfen, eingeschränkt, vermisste die Freiheit, selbst über sein Leben zu entscheiden. Er durchlebte eine schwierige Zeit. Schließlich entschied er sich, es ein zweites Mal zu versuchen und wieder nach Deutschland zu gehen. Wieder gab ihm Werner Zwingmann Arbeit. Diesmal blieb mein Vater. Bald holte er auch meine Mutter und meine beiden Geschwister nach.

Deutschland nahm meinen Vater mit offenen Armen auf. So hat er es empfunden, und dafür war er dankbar. Er schloss daraus, dass er diesem Land alles geben und sich öffnen musste. Uns Kindern war aufgrund der Geschichte und des Beispiels meines Vaters klar: Wir haben in Deutschland alle Chancen, und die müssen wir ergreifen. Unser Vater hat einen Staffellauf begonnen und den Stab an uns übergeben. Jetzt sind wir daran, ihn weiterzugeben.

Was mich betrifft, so erinnere ich eine Geschichte, die für diese Stabübergabe ein schönes Bild liefert: Eines Tages, ich war vielleicht vier Jahre alt, rief ich meinen Vater im Büro der Firma an. Doch man holte ihn gar nicht erst an den Apparat. Die Sekretärin sagte ihm nur, sie habe eben ein deutsches Kind am Apparat gehabt, das behauptet habe, seine Tochter zu sein. In meinem Zeugnis der zweiten Klasse stand: »Düzen verfügt für ihr Alter über einen umfangreichen Wortschatz und vermag sich treffend auszudrücken.« Keiner wusste, woher das kam. Von zu Hause kam es nicht. Anders als die Migranten heute bekamen die Gastarbeiter damals keine Deutschkurse angeboten. Meine Eltern tun sich bis heute schwer mit der deutschen Sprache, meine Mutter hat nie Lesen und Schreiben gelernt.

Im Kindergarten erzählte ich gern Geschichten. Noch heute erinnere ich mich an Szenen, in denen eine Schar Kinder um mich herumstand. Meine Erzieherin Sabine war mein Ein und Alles. Sie vor allem wollte ich beeindrucken, sie wollte ich zufriedenstellen. Ich liebte auch das Essen im Kindergarten. Deutsche Hausmannskost, Gulasch mit Nudeln, Königsberger Klopse.

Die prägendste Erinnerung aus dieser Zeit habe ich an einen bitterkalten Wintertag, an dem ich unbedingt Sommerschuhe anziehen wollte. Ich wusste schon immer genau, was ich wollte. Für meine Mutter war das wohl sehr anstrengend, jedenfalls sagte sie genervt: »Dann gehst du halt barfuß.« Deutsche Mütter würden vielleicht sagen, dann gehst du halt barfuß, aber sie würden ihre Kinder niemals ohne Schuhe in den Schnee schicken. Ich aber musste an diesem Tag wirklich barfuß in den Kindergarten gehen. Mein Bruder hat mich hingebracht, mit eiskalten Füßen kam ich an, habe geheult und bin dann von der Erzieherin nach Hause gebracht oder getragen worden. So etwas hatte wohl auch sie noch nie erlebt. Immerhin durfte ich dann die Schuhe anziehen, die ich von Anfang an haben wollte. Trotzdem war es eine große Blamage für mich. Ich werde sie nie in meinem Leben vergessen. Die Maßnahme meiner Mutter hat offensichtlich gewirkt.

Wie sich Integration anfühlt, habe ich schon als Kind intuitiv begriffen. Ich verstand auch, dass das Elternhaus daran genauso beteiligt ist wie der Kindergarten und die Schule. Mein Initialerlebnis hatte ich am ersten Schultag; an ihn kann ich mich noch heute genau erinnern. Ich wollte unbedingt den Herlitz-Füller haben, den alle anderen Kinder auch hatten. Leider war der Füller sehr teuer, und meine Mutter sagte: »Den kaufen wir dir nicht.« Ich aber habe so lange geschrien und geweint, bis ich den Herlitz-Füller hatte. Ich wollte alles so haben wie die deutschen Kinder. Meine Schultüte hatte viele bunte Sterne und einen grünen Deckel, und sie war bis obenhin vollgepackt mit Süßigkeiten, die ich mir selbst hatte aussuchen dürfen. Zusammen mit mir wurde noch ein jesidisches Mädchen eingeschult. Bei ihr waren zwei Äpfel und ein paar Bonbons in der Tüte. Die Bonbons und die Äpfel musste sie nach der Schule wieder zu Hause abgeben.Da habe ich zum ersten Mal gemerkt, dass ich andere Eltern hatte. Von jetzt an fühlte ich mich auch als Deutsche. Ich war eine von den anderen, weil ich genauso wie sie behandelt wurde.

Wir waren elf Kinder, aber mein Vater hat fast nie einen Elternabend versäumt. Diese Termine waren ihm wichtig. Die Eltern der türkischen Kinder kamen selten. Die Lehrer sagten zu mir: »Dein Vater ist anders als die anderen. Das ist ein toller Mensch.« Mein Vater hat uns in die Schule gebracht und wieder abgeholt. Er hat Fragen gestellt, wollte wissen, was uns beschäftigt und was wir gerade lernten. Jedem seiner Kinder wollte er die besten Startbedingungen verschaffen. Ich hatte im Kindergarten und in der Schule das Gefühl, dass ich so gut behandelt werde, weil mein Vater so präsent ist. Wir hatten nicht viel Geld, aber nach jedem guten Zeugnis ist er mit uns in ein Grillhaus gegangen. Dort gab es Pommes rot-weiß mit Currywurst. Das war für uns etwas Besonderes, ein Highlight, auch wenn es ein bisschen peinlich ist, das zu erzählen. Entscheidend ist, dass wir schon als Kinder verinnerlicht haben, dass Anstrengung belohnt wird, und das finde ich wichtig. Mein Vater hat dieses Prinzip mit Leib und Seele vertreten, während meine Mutter schimpfte: »Warum gibst du Geld für Pommes aus?« Sie dachte da eher pragmatisch.

Schule war für mich das Paradies. Die Einzigen, die meine heile Welt bedrohten, waren die anderen Kinder, und zwar nicht die deutschen, die akzeptierten mich einfach, wie ich war. Probleme bereiteten mir die Kinder aus den Gastarbeiterfamilien. Immer wieder musste ich mich gegen sie verteidigen. Das ging schon in der Grundschule los, da gab es die ersten Konflikte. »Wo kommst du her?« – »Ich bin Kurdin.« – »Dann zeig mir dein Land doch mal auf der Landkarte.« Die türkischen Kinder hatten zu Hause gelernt, dass es Kurdistan nicht gibt. Zu Fasching hieß es: »Warum hast du dich als Disko-Mädchen verkleidet? Du siehst aus wie eine Nutte.« Und später hörte ich: »Warum hängst du mit Deutschen ab, du bist doch eine von uns? Hör auf, uns zu verraten. Warum tust du so deutsch? Warum isst du Schweinefleisch?« Kopftuchträgerinnen erklärten mir, ich sei eine Schlampe. Die ganz Extremen beschimpften mich als Teufelsanbeterin.

Meine Erfahrung war, dass meine deutschen Mitschüler Verschiedenheit viel stärker akzeptierten. Viele Gastarbeiterkinder grenzten sich dagegen von den Deutschen ab, weil in ihren Familien bestimmte Werte nicht geteilt wurden, weil es bei ihnen weniger freizügig zuging: »Der darf immer rausgehen, die geht ständig in die Disko.« Sie haben über den liberalen Erziehungsstil der Deutschen die Nase gerümpft, sie stellten unsere Werte infrage. Das wollte ich schon damals nicht hinnehmen. Denn Verschiedenheit zu akzeptieren müssen in einer demokratischen Gesellschaft alle lernen.

Trotzdem habe ich versucht, mit beiden Seiten, den deutschen wie den Gastarbeiterkindern, gut auszukommen. Meist ist mir das auch gelungen. Die Gastarbeiterkinder aber haben oft verlangt: Entscheide dich, entweder wir oder die Deutschen. Ich mochte dieses Entweder-Oder nicht. Wenn ich mich mit ein paar Türkinnen gut verstanden habe, wurde es irgendwann problematisch, weil sie so viel verlangt haben. Ganz oder gar nicht. Für immer und ewig. Alles oder nichts. Bei diesen Auseinandersetzungen ging es um eine Selbstdefinition, die sich nicht an individuellen Eigenschaften, an besonderen Vorlieben, Stärken oder Schwächen festmachte. Man orientierte sich einzig an Herkunft und Religionszugehörigkeit: Bist du Türkin, bist du Kurdin, bist du Deutsche, bist du keine Deutsche. Eine uferlose Diskussion, ein Riesendrama. Ständig musste ich erklären, warum ich mit den deutschen Kindern besser klarkam. Wir wohnten in einer Gegend, wo solche Probleme oft über Schlägereien gelöst wurden. Ich war froh, dass ich mich bei den Auseinandersetzungen der Kraft der Worte bedienen konnte. Leider verstand die Gegenseite oft kein Wort, es war ihr auch egal. In unserem Abi-Jahrbuch stand dann über mich: »Unsere Antwort auf die Fundamentalisten.« Tatsächlich gab es an unserer Schule schon damals einen Radikalen mit langem Bart, der komische

Ansichten hatte. Mit ihm habe ich mich auseinandergesetzt. Ich war die Einzige, die das tat, alle anderen hatten Angst vor ihm. Ich aber fragte ihn: »Wie begründest du das? Erklär mir das, das verstehe ich nicht.« Das Gute war damals noch, dass er sich auf die Diskussion einließ und argumentativ das Nachsehen hatte. Heute gehen solche Leute zum »Islamischen Staat«.

Goethe, Kafka und die verlorenen Migranten

Als Schülerin hatte ich zwei Leben. Es gab die saubere, klare und strukturierte deutsche Welt der Schule und der Bücher. Und dann gab es die anstrengende Welt zu Hause. Sie war laut, es gab viel zu viel von allem, zu viele Geschwister, zu viel Essen, zu viel Drama. Ich brauchte aber beides. Die strukturierte deutsche Welt allein hat mich nicht glücklich gemacht, da musste ich dann auch mal ausbrechen.

Meine Eltern mussten viel arbeiten. Also haben wir elf Kinder unser Leben selbst gestaltet. Wir waren Vagabunden. Wir haben die Herausforderung gesucht. Wir waren unterwegs, wir waren neugierig, wir haben bei Menschen in unserer Nachbarschaft geklingelt. In unserem Kiez in Hannover-Linden lebten viele Alternative. Wir haben bei Leuten geklingelt, die wir kannten oder die uns sympathisch waren: »Hey, können wir mal reinkommen, können wir ein bisschen mit euch reden?«

So haben wir Bezugspersonen gefunden, die sich um uns kümmerten, wenn unsere Eltern keine Zeit hatten. Michaela und Nina zum Beispiel, zu denen ich heute noch Kontakt habe. Sie erzählen gern, dass ich schon als Kind forsch und selbstbewusst auftrat. Oder Susanne: Sie ging einmal mit uns in den Supermarkt und sagte: »Ihr könnt euch aussuchen, was ihr haben wollt.« So was kannten wir von zu Hause nicht. Ich bin mit einer Mikrowelle um die Ecke gekommen, weil ich geschäftstüchtig dachte und meine Eltern unterstützen wollte. Ich hatte ihr Angebot falsch verstanden. Sie meinte natürlich etwas Süßes. Also habe ich die Mikrowelle wieder weggestellt. Dann habe ich mir etwas Süßes genommen, und zwar das, was am teuersten war, mir aber überhaupt nicht schmeckte. Dieses freche Straßendenken war immer da. Ich war vormittags auf dem Gymnasium, und nachmittags habe ich mein eigenes Ding gemacht.

Ich hatte einen unbändigen Wissensdurst und war neugierig. Ich hatte Fragen, viele Fragen, die man mir zu Hause nicht beantworten konnte. Deswegen habe ich mir mit Vorliebe Freundinnen gesucht, deren Eltern Akademiker waren. Oft waren es die Kinder von Therapeuten und Ärzten, mit denen ich meine Freizeit verbrachte. Manchmal saß ich bis spätabends in ihrem Wohnzimmer, bis die Tochter der Familie sagte: »Ich muss jetzt schlafen gehen.« Ich antwortete dann: »Ja, geh mal, gute Nacht. Ich hab' noch eine Frage an deine Eltern.«

Das Wort Erziehung klingt nach einem passiven Vorgang, als geschehe einem etwas. Als Kind sucht man sich aber auch aus, von wem man sich erziehen lässt. Das, was man zu Hause nicht bekommt, holt man sich eben woanders. Ich habe viel Zeit in politisch eher grün und sozialdemokratisch geprägten Haushalten verbracht, in denen soziale Gerechtigkeit und Chancengleichheit wichtige Themen waren. Dort bin ich gefördert worden, dort wurde ich mindestens so stark sozialisiert wie in der Schule.

Schule war für mich ein bisschen wie Verliebtsein. Ich habe mich gefreut, ich hatte Herzklopfen. Ich habe mich oft gemeldet, ich wollte drankommen. Vor allem bei Themen, die meine eigene Lebenswirklichkeit berührten. Deswegen war der Deutschunterricht für mich so wichtig. Unser Lehrer Peter Richter hat uns beigebracht, dass es in der deutschen Literatur oft um den Kampf zwischen dem Bürgerlichen und dem Künstlerischen geht, zwischen dem, was man darf, und dem, was man will. Er las mit uns *Effi Briest*. Da gibt es die treue Tochter, die dem Wunsch des Vaters genügen muss. In diesem Roman habe ich meine eigene Migrantenfamilie wiedergefunden. Auch bei uns prallten die Wünsche der Eltern mit den Wünschen der Kinder aufeinander. Ich verstand Effi Briests innere Zerrissenheit sehr gut, weil auch ich mich früh entscheiden musste, ob ich meinen eigenen Weg gehe oder der jesidischen Tradition folge. Beides geht nur schwer zusammen.

Schwerer zu knacken fand ich Goethes *Faust*. Meine erste Reaktion war daher Abwehr. Aber die dann doch aufgewandte Mühe hat sich gelohnt. Am Beispiel von *Faust*, diesem urdeutschen Stoff, hat uns unser Deutschlehrer gezeigt, dass wir selbst für unsere Taten verantwortlich sind. Das Tun ist die treibende Kraft. Diese Erkenntnis passt gut zu meinem Leben. Das Wichtigste ist das Tun, auch wenn wir Angst davor haben. Bis heute glaube ich, dass es wichtig ist, das, wovor ich Angst habe, trotzdem zu tun. Dass ich es vielleicht gerade deshalb tue, weil ich Angst davor habe.

Franz Kafka war mir unheimlich, und doch habe ich gerade in der *Verwandlung* und im *Prozess* die jungen Migranten wiedergefunden, die in Deutschland nicht angekommen sind. Kafkas Protagonisten haben etwas Hilfloses, Unverstandenes, sie leben in einer Parallelgesellschaft. Sie können aus ihrer Haut nicht heraus. Wie Gregor Samsa versuchen sie verzweifelt, ihre Hülle abzustrampeln, aber sie kriegen ihre alten Verhaltensmuster nicht los.

Die Beschäftigung mit der Literatur hat aus mir einen anderen Menschen gemacht. Das Gefühl, deutsch zu sein, verbinde ich stark mit der Liebe zu den deutschen Klassikern. In diesen Texten finde ich etwas Allgemeingültiges, mein Leben unmittelbar Betreffendes ausgedrückt. Es sind universelle Geschichten, die Fragen stellen, die alle Menschen angehen, ganz egal, woher sie kommen.

Die Liebe zum Lesen unterschied mich von den meisten meiner Geschwister. Ich habe es geliebt zu glänzen, auch in unserer jesidischen Welt, wenn die Onkel und Tanten da saßen und ich erzählen konnte, was ich aus den Büchern gelernt hatte. Ich habe früh verstanden, dass ich dafür Anerkennung bekomme. Ich habe bei Familienfeiern deutsche Gedichte rezitiert. Die Verwandtschaft hat zwar kein Wort verstanden, aber war begeistert: »Mensch, klasse!« Und ich habe noch ein Gedicht vorgetragen. Bücher waren für mich ein Paradies, das nichts kostet. Schon in meiner Grundschulzeit war ich Dauergast in der Stadtbücherei. Da war es warm, da hatte ich meine Ruhe, und ich konnte lesen, lesen, lesen. Irgendwann kamen die Mitarbeiter und meinten: »Wir machen zu. Du musst jetzt gehen.« Da habe ich geantwortet: »Kann ich nicht noch eine Stunde bleiben?« Für mich war es als Kind ein Segen, dass man sich

Bücher ausleihen durfte, ohne dafür bezahlen zu müssen, das ist für mich eine der besten Erfindungen, die es gibt. Wir müssen neu über die Wichtigkeit öffentlicher Bibliotheken nachdenken. Wir müssen überlegen, wie wir es schaffen, den Kindern die Welt der Bücher nahezubringen.

Bildung half mir auch zu Hause, meine Bedürfnisse nach Freiheit besser durchzusetzen. Weil ich gute Noten hatte, konnte ich auf dem Tisch tanzen. Das habe ich schnell begriffen. Dadurch habe ich mir Rechte herausgenommen. Meine Mutter sagte: »Du kannst doch nicht schon wieder rausgehen!« Dann sagte ich: »Aber ich muss mit den anderen lernen! Ich will doch was werden, ich gehe aufs Gymnasium.« Später ging es um einen Auslandsaufenthalt, der für die deutschen Kinder ganz normal war. Meine Mutter war dagegen: »Wie, du willst nach London gehen?« Wieder konnte ich auf Bildung als Schlüssel zu einer besseren Zukunft verweisen: »Willst du mich benachteiligen?« Alle haben darauf gesetzt, dass aus mir etwas werden würde. Die ganze Familie hat sich dafür starkgemacht. Mein Bruder, der damals schon gut verdient hat, unterstützte mich finanziell. Er war der Investor, der mir das Studium der Politik und Germanistik bezuschusste, aber die Quelle meiner Kraft war die Familie.

Im Studium belegte ich auch ein Seminar über Heiner Müller. Eines Tages rief mich mein Professor zu sich und sagte: »Frau Tekkal, das verstehe ich nicht, warum wissen Sie das nicht, hatten Sie zu Hause nicht Goethe und Schiller im Regal stehen?« Es hat mir nicht gefallen, so von oben herab behandelt zu werden. Also habe ich geantwortet:

»Wissen Sie, das einzige Buch bei uns zu Hause war das Telefonbuch. Wir haben keine Bücher, weil meine Mutter nicht lesen und schreiben kann. Und bevor Sie mir vorwerfen, dass ich Goethe und Schiller nicht mit der Muttermilch aufgesogen habe, sollten Sie besser Respekt davor haben, dass ich mir dennoch Zugang zur deutschen Literatur verschafft habe.« Ich war verletzt und ging nicht mehr ins Müller-Seminar. Der mag mich nicht, der will mich nicht, der versteht mich nicht. Ich belegte andere Kurse, und eines Tages begegnete ich dem Professor zufällig auf dem Flur. Als er mich sah, fragte er: »Warum kommen Sie nicht mehr?« Ich sagte: »Sie wollen mich doch nicht.« – »Das habe ich nie gesagt, Frau Tekkal, ich habe nur gesagt, dass Sie sich anstrengen sollen. Kommen Sie bitte wieder.« Da bin ich wieder hingegangen.

Für die Familie war mein Studium etwas Fremdes, Ungewohntes. Ständig fragte mich einer meiner Onkel: »Wie lange willst du eigentlich noch studieren? Sollen wir am Ende deine Enkelkinder von der Uni abholen, oder was?« Oder sie fragten, was ich denn da eigentlich studiere, und schüttelten dann den Kopf: »Istikmistik, verstehe ich nicht.« Doch auch wenn ich als Einzige von uns elf Geschwistern studiert habe, so ist uns doch allen ein ausgeprägter Ehrgeiz gemein. Wir wollen gut sein in dem, was wir machen. Wir sind belastbar, wir sind offen und übernehmen Verantwortung. Wir sind Kämpfer, und das hat wiederum damit zu tun, dass wir Jesiden sind. Jesiden müssen von Geburt an kämpfen. Ich finde das nicht schlecht, weil sich diese Erfahrung als nützlich erweist in der Leistungsgesellschaft, in der wir leben. Jedenfalls kann man uns nicht vorwerfen, wir hätten keinen Biss. Der Hunger ist uns Jesiden in die Wiege gelegt, weil wir uns immer beweisen mussten, um dazuzugehören.

Vielleicht habe ich auch deshalb in einem Semester zehn Scheine gemacht. Ich habe meinen Freunden gesagt, ich kann mit euch jetzt erst mal nicht, es geht nicht. Ich habe mich eingeschlossen, bin jeden Morgen zu meinem Bruder ins Büro gegangen und habe dort gelernt wie eine Wahnsinnige. Nebenbei war ich in der Hochschulpolitik aktiv. Ich war fokussiert, weil ich dachte: Wozu lebst du denn? Willst du weiter feiern gehen und Freunde treffen, oder willst du studieren? Dieser Leistungsanspruch in Bezug auf meine Familie und die Aufgabe, die ich hatte, war tief in mir verankert. Ich dachte: Mir stehen alle Türen offen. Niemand hindert mich daran zu studieren. Es kann doch nicht sein, dass mir jetzt meine Faulheit im Weg steht. Das geht nicht. Ich bin also jeden Morgen um sechs aufgestanden, bin ins Büro meines Bruders gegangen und habe dort bis sechs Uhr abends gebüffelt, als ob ich im Gefängnis wäre. Ich habe oft solche Gedankenspiele: Was würdest du machen, wenn du im Gefängnis wärst? Die Antwort ist einfach: Mach das Beste draus, lies Bücher.

Von meinen deutschen Kommilitonen unterschied ich mich ansonsten nicht besonders. Aber ich wusste immer, dass ich aus einer anderen Welt komme und es schaffen muss, mein Studium erfolgreich zu beenden. Es gab immer Kommilitonen, die besser waren als ich. Sie hatten deutsche Eltern, die selbst Akademiker waren. Sie machten keine Fehler, sie waren perfekt. Die Sophies und Lisas dieser Welt habe ich immer beneidet um ihre Elternhäuser, um den Wohlstand, um ihre eigenen Zimmer, um ihre Möglichkeiten. Ich habe oft bei mir gedacht: »Ich will auch eine Sophie oder Lisa sein. Bin ich aber nicht. Muss ich also das Beste draus machen.«

Im Gegensatz zu meinen Kommilitonen hatte ich keine andere Wahl. Es gab keinen Plan B. Es gab keine Alternative. Jemand, der nicht mit Druck umgehen kann oder schwach ist, wäre zusammengebrochen an meiner Stelle. Diesen Druck habe ich mir selbst aufgebaut, er kam nicht von außen. Ich hätte mir ein anderes Leben aussuchen können, aber ich wäre unglücklich geworden. Oprah Winfrey hat einmal in einem Interview gesagt: »Ich wusste schon immer, dass andere Frauen Mütter werden, ich aber Nelson Mandela treffen wollte.« So etwas hatte ich auch im Kopf. Ich wollte Robin Hood aus Hannover-Linden werden, den Reichen nehmen und den Armen geben.

Meine Abschlussarbeit an der Universität wurde mit Eins bewertet, doch für die Gesamtnote musste ich noch eine mündliche Prüfung ablegen. Der Professor befragte mich, dann wollte er wissen: »Bevor ich das Ergebnis verkünde: Haben Sie noch jemanden mitgebracht?« Ich antwortete: »Ja, meine Familie«. Er sagte: »Dann rufen Sie sie doch herein.« Ich fragte: »Sind Sie sicher?« – »Ja, klar.« Es erschienen fast zwanzig Leute im Zimmer. Meine Mutter, mein Vater, meine Geschwister, sie alle hatten auf mich gewartet, weil das nicht mein Studium, sondern unser Studium war. Mein Vater ging zu meinem Professor und bedankte sich bei ihm für meine Eins. Mein Professor antwortete: »Sie müssen sich bei Ihrer Tochter bedanken, nicht bei mir.« – Mein Vater: »Trotzdem, danke, danke, danke! Sie sind eingeladen zum Grillen, Sie sind ein wunderbarer Mann.« Mein Vater reagierte orientalisch, aber mein Professor ließ nicht locker: »Herr Tekkal, Sie müssen sich bei Ihrer Tochter bedanken, sie hat die Leistung erbracht.«

Unsere Feier war einfach, aber schön. Wir fuhren nach Hannover-Linden und haben bei einem Imbiss vier Pizzen bestellt, uns auf die Plastikstühle gesetzt und gemeinsam die Pizzen geteilt. Zufällig kamen immer wieder Freunde, Verwandte und Bekannte vorbei. Jedem erzählte mein Vater ungefragt: »Meine Tochter hat ihr Hochschulstudium bestanden, Politik und Germanistik, mit Eins, mit Eins.« Es war so schön, weil ich wusste, ich bin zwar noch in Linden, ich genieße es. Aber wenn ich will, kann ich jederzeit weiterziehen. Ich wollte mehr vom Leben.

Ein Löwe ist ein Löwe

Meine Mutter ist ein furchtloser Mensch. Auch wenn männliche Respektpersonen bei uns zu Hause waren, egal welcher Kaste oder Klasse, hat sie sich nie den Mund verbieten lassen. Oft beschweren sich die Männer bei der Familie: »Ihr habt eine vorlaute Mutter!« Meine Mutter ist gefürchtet, aber eben deswegen auch respektiert. Mein Vater liebt ihr Selbstbewusstsein, er ist dankbar, dass er eine starke Frau hat. Das sagte er auch oft zu uns Kindern: »Eure Mutter ist stärker als ich und hat mich schon oft gerettet.« Bei uns wird gern eine Geschichte erzählt, die das Selbstbewusstsein meiner Mutter illustriert, aber ebenso zeigt, dass die Emanzipation auch vor der jesidischen Gemeinschaft nicht haltmacht: Als meine Mutter noch nicht lange in Deutschland war, lief sie mit meinem Vater eines Tages an einem Gebäude vorbei, das ihr Interesse weckte, weil es offensichtlich etwas mit Frauen zu tun hatte. Sie fragte ihren Mann, was das für eine Einrichtung sei. Mein Vater erklärte ihr, das sei ein Ort, an den sich Frauen flüchten könnten, die von ihren Männern unterdrückt würden. Es war ein Frauenhaus. Von da an drohte ihm meine Mutter, wenn sie sich stritten: »Ich warne dich, ich gehe in dieses Frauenhaus!«

Ich bin mit starken Frauen aufgewachsen. Meine Mutter, aber auch meine Großmutter spielen in meinem Leben eine große Rolle. Sie waren für mich Vorbilder. Sie erhoben ihre Stimme, meldeten sich selbstbewusst zu Wort. Das trauten sich in dieser Generation nicht viele jesidische Frauen.

Meine Mutter ist Analphabetin, aber sehr intelligent. Sie denkt mit den Händen. Mit den Händen zu denken heißt etwa, dass meine Mutter genau wusste, was sie für mehr als ein Dutzend Menschen einkaufen musste. Sie stellte den Haushaltsplan auf, sie managte unsere Großfamilie, sie war Finanzministerin und Regierungschefin in einem. Eines Tages kam mein Vater mit Erdbeeren nach Hause, und meine Mutter war fassungslos: »Sag mal, wer soll denn davon satt werden? Bring uns lieber Frühlingszwiebeln mit, damit wir sie aufteilen und mit Brot essen können.« Meine Mutter ist eine Matriarchin. Zu Hause hatte sie das Zepter in der Hand. Sie war sehr streng. Wir hatten zu gehorchen.

Meinen Vater konnten wir um den kleinen Finger wickeln, meine Mutter nicht. Meinen ersten Kampf im Leben bestand ich gegen sie. Wir stritten, dass die Fetzen flogen. Aber ich habe es überlebt. Heute denke ich, dass ich mit dieser Auseinandersetzung den Grundstein für alles legte, was ich später im Leben erreichte. Sich gegen eine Persönlichkeit wie die meiner Mutter aufzulehnen verlangt viel Mut. Als ich mich mit ihr anlegte, entdeckte ich dabei meine eigene innere Stärke.

Da wir so viele Kinder waren, wetteiferten wir um ihre Liebe und Anerkennung. Manchmal ging es dabei rau zu, aber das hat uns nicht geschadet. Wer mit einer solchen Mutter und in einer so großen Familie aufwächst, muss später keine Management-Seminare besuchen, um soziale Kompetenzen zu erwerben. Die »Soft Skills« hat man längst im Alltag beigebracht bekommen.

Wir hatten großen Respekt vor meiner Mutter, sie hat uns angespornt. Sie hat uns gelehrt, aufrecht zu gehen. Für sie waren wir nie gut genug. Ich weiß nicht, ob es ein spezifisch jesidisches Erbe ist oder auch in deutschen Familien so vorkommt, dass großer Einsatz erwartet und für selbstverständlich genommen wird, also keine besondere Wertschätzung erfährt. Auch weil man unter Jesiden ständig kritisiert wird, habe ich den Drang entwickelt, etwas zu erreichen. Das »Ja, aber« meiner Mutter ist ein wichtiger Teil meiner Sozialisation. Ich nehme deswegen oft den schwierigeren Weg und versuche die Herausforderungen, die sich daraus ergeben, zu meistern. Das ist auch meine Definition von Glück: eine gegebene Herausforderung zu meistern. Während mein Vater immer betonte, man müsse auch an die anderen denken, versuchte meine Mutter uns zu motivieren: »Ihr müsst euch anstrengen, wenn andere besser sind.« Das Motto meiner Mutter war: »Du musst kämpfen, kämpfen, kämpfen.«

Meine Mutter stachelte unseren Ehrgeiz an, mein Vater stärkte unsere inneren Werte. Von meinem Vater habe ich etwas Wesentliches auf den Weg mitbekommen: Alle Menschen sind gleich. Er engagierte sich für Menschenrechte, bei der Gesellschaft für bedrohte Völker und bei Amnesty international. Ich habe früh verstanden, dass wir Jesiden sind und es sehr wichtig für uns ist, politisch anerkannt zu werden. Ein Aspekt seines Engagements für die jesidische Gemeinde bestand darin, anderen bei bürokratischen Problemen zu helfen. Mein Vater hat immer geholfen, so viel geholfen, dass meine Mutter und er sich manchmal stritten. Meine Mutter sagte: »Dein Ehrenamt ist schön und gut, aber wo ist das Geld? Du tust für diese Leute so viel, nimm endlich was dafür.« Mein Vater entgegnete: »Ich kann dafür nichts nehmen, das geht nicht. Was nützt mir all das Geld, wenn ich meine Ehre und Menschlichkeit dafür opfere?« Er erklärte mir: »Wenn ich, dein Vater, irgendwo hingehe, habe ich einen Namen und einen Ruf. Das ist wichtiger als Geld.«

Genau wie meine Mutter hatte auch die Mutter meines Vaters ihren eigenen Kopf. Die patriarchalische Welt des kleinen jesidischen Dorfes, in dem sie lebte, konnte sie nicht daran hindern, ihr Leben so zu leben, wie sie es für richtig hielt. Sie war realistisch, pragmatisch und voller Tatendrang. Das Auffallendste an ihr waren ihre knallroten Haare.

Der Tradition gemäß wurde sie zwar von ihren Eltern verheiratet, aber das hat sie nicht besonders interessiert. Sie schenkte ihrem Mann nur drei Kinder, alle sieben Jahre eins. Kinderreichtum ist in der jesidischen Gemeinschaft ein hohes Gut. Zwischen sieben und 15 Kinder zu haben ist nichts Ungewöhnliches. Meine Großmutter hat auch in dieser Frage ihre eigene Entscheidung getroffen, sehr zum Leidwesen ihrer Schwiegereltern, die sich mehr Enkelkinder gewünscht hätten. Stattdessen wurde meine Großmutter Hebamme in Cinar, wo auch mein Vater geboren wurde. Hunderte von Frauen haben bei ihr entbunden und viele Kinder zur Welt gebracht. Meine Großmutter kümmerte sich um die medizinische Versorgung, sie führte Verhandlungen, sie mischte Männerrunden auf. Weit über das Dorf hinaus kannten die Menschen sie und wussten, wer sie war. Allen war bekannt, dass mit ihr nicht gut Kirschen essen war, wenn man ihre Meinung nicht teilte. Meine Großmutter hat unsere Häuser verteidigt, wenn wir bedroht wurden oder wenn Leute kamen, um uns zu bestehlen, was oft geschah. Sie ging ihnen dann mit einem Stock hinterher. Das war auch noch so, als sie später bei uns in Deutschland lebte. Wir haben ein Haus in Hannover, und Großmutter saß oft mit einem Stock in der Hand auf dem Bürgersteig. Ich fragte sie manchmal: »Oma, was machst du da?« Sie antwortete dann: »Ich passe auf.« Wenn ich meine deutschen Freunde mit nach Hause nahm, fragten sie, wer die Frau vor unserem Haus sei. Ich behauptete dann oft, das wisse ich nicht.

Das Verhalten meiner Großmutter war mir als junges Mädchen zu exotisch. Ich bin nur dann zu ihr gegangen, wenn ich mich schwach fühlte oder getröstet werden wollte. Als ich 13 Jahre alt war, bekam ich Rückenschmerzen, das ging über ein Jahr, und niemand konnte helfen. Ich war bei vielen Ärzten, bis jemand sagte: »Das ist psychosomatisch, das Mädchen macht sich zu viele Sorgen.« Wenn aber die heilende Hand meiner Großmutter über meinen Rücken strich, war alles wieder in Ordnung. Sie hat mir Kraft gegeben. Heute bewundere ich meine Großmutter. Sie war im Gesicht tätowiert, auch das möglicherweise eine Maßnahme der jesidischen Gemeinschaft, um sich gegen Vereinnahmung zu wehren. Jeder konnte sehen, dass sie Jesidin war.

Meine Großmutter kam aus einer vormodernen, fast archaisch anmutenden Welt. Als mein Vater noch ein Kind war, hat sie ihm Essen, etwa Nüsse, in die Kleidung eingenäht, damit ihm das niemand wegnehmen konnte. Mit ihren traditionellen Vorstellungen, die stark von ihrem Leben als Angehörige einer verfolgten Minderheit geprägt waren, kam sie nach Deutschland. Sie hatte Armut und Not erlebt, das hatte sie misstrauisch gemacht. Wenn ich Freunde nach Hause einlud, sagte sie: »Die wollen doch nur euer Essen haben!« Wenn ich das Haus verließ, ermahnte sie mich: »Pass auf dich auf!« Damit meinte sie, ich solle als ehrbare Frau zurückkommen. Ich habe mit meiner Großmutter kurdisch gesprochen. Sie sprach nur diese Sprache. Ich habe eine kurdische Seele und eine urdeutsche. Ich dachte immer, das sei ganz normal, eine kurdische und eine deutsche Seele zu haben. Mit Großmutter kurdisch zu sprechen, aber auf Deutsch zu träumen und zu denken.

Oma rauchte viel und trank hin und wieder ein Glas Whiskey. Meine Freunde waren begeistert von meiner Großmutter: »Wir wollen mit deiner Oma sprechen«, hörte ich oft.

Ich sagte dann: »Warum wollt ihr mit ihr sprechen? Ihr versteht sie doch gar nicht!« Dann hieß es: »Egal, wir wollen mit ihr chillen.« Wenn sie mit ihren roten Haaren da saß und rauchte, war das cool. Sie hatte viel Humor und machte sich gern über andere lustig. Ihre traditionellen Vorstellungen, die immer auch einen pragmatischen Kern hatten, kamen zum Vorschein, wenn etwa eine deutsche Freundin zu mir nach Hause kam und mein Bruder zugleich einen deutschen Freund mitbrachte. Dann war die Sache für sie klar. Die beiden sind deutsch, also sollen sie heiraten: »Adler zu Adler, Taube zu Taube«, wie das kurdische Sprichwort sagt. Man kann nur gemeinsam in eine Richtung fliegen, wenn man sich gleicht.

Meine Großmutter bestimmte den Zeitpunkt ihres Todes selbst. Sie hörte einfach auf zu essen, als sie 107 Jahre alt war. Sie wollte nicht mehr leben, weil der mittlere ihrer drei Söhne vor ihr gestorben war. Sie wollte ihre Söhne nicht überleben.

Wenn es bei einem Jesiden zu Ende geht, kommt der Qewal, der Religionssprecher. Auf ihn warteten wir gemeinsam, und wir wussten, dass Großmutter nicht eher sterben würde, bis der Qewal da gewesen wäre. Er kam, sprach das jesidische Glaubensbekenntnis, und meine Großmutter ging von uns. Es war ein friedlicher Tod, sie starb zu Hause. Für mich war sie unsterblich, denn sie starb, als sie sterben wollte. Sie starb genauso, wie sie lebte: frei und selbstbestimmt. Der Geist und die Stärke meiner Oma schweben über uns. Das merken wir in Situationen, wenn es uns nicht so gut geht.

Das Bedürfnis nach Freiheit, das meine Großmutter zeitlebens für mich verkörperte, ist typisch für die Jesiden. Meine Großmutter erklärte es mir einmal mit der generationenübergreifenden Unterdrückung, der die Gemeinschaft ausgesetzt war. Großmutter war überzeugt: Wer so verfolgt und ausgegrenzt wird, dessen Sinne schärfen sich, der entwickelt ein starkes Bewusstsein für die Freiheitsrechte des Menschen. Die Jesiden mussten sich als Gemeinschaft erst emanzipieren. Freiheitsdrang und Gleichberechtigung gingen dabei Hand in Hand.

Die meisten Jesiden leben noch heute in einer patriarchalisch strukturierten, von Männern dominierten Gemeinschaft. Frauen müssen ihre Rolle als Ehefrau und Mutter erfüllen. Frauen sind für den Haushalt zuständig, ihnen wird wenig oder keine Bildung zuteil. Über die jesidische Religion wissen sie oft weniger als die Männer. Viele Mädchen werden schon als Kinder der Familie eines künftigen Ehemanns versprochen, wie man es aus vielen traditionellen Gemeinschaften kennt. Jesidinnen gehen als Jungfrauen in die Ehe.

Nach dem Einfall des »Islamischen Staates« wurden viele junge, unverheiratete Jesidinnen vergewaltigt, einige wurden schwanger. Nach alter Sitte ist eine Jesidin keine Jesidin mehr, sobald sie von einem Mann vergewaltigt wurde. Vergewaltigungen dienen IS-Kämpfern daher nicht nur zur Befriedigung der sexuellen Bedürfnisse und zum Genuss ihrer Macht. Sie zielen auch darauf ab, die jesidische Religion zu vernichten. Viele junge Frauen töteten sich nach ihrer Befreiung aus Scham, manche töteten sich schon vorher, weil sie bedrängt wurden, zum Islam zu konvertieren.

In diesem Moment bewahrheitete sich wieder das Wort meiner Großmutter: Unterdrückung schärft die Sinne, im Angesicht der Katastrophe gehen die Jesiden neue Wege. Der Baba Scheich, das religiöse Oberhaupt, erließ nach den Vergewaltigungen jesidischer Frauen durch IS-Kämpfer ein Dekret, das besagt, dass die vergewaltigten Frauen weiterhin als Jesidinnen zu betrachten seien. Auch ihre Kinder werden als Jesiden anerkannt. Um dieses Dekret vor aller Augen zu bekräftigen, nahm der Baba Scheich selbst solche vormals als geschändet geltende Frauen bei sich zu Hause auf.

Wir sehen gegenwärtig, wie stark die jesidische Frau ist: Viele der eben erst aus der Gefangenschaft freigekommenen Frauen wollen an der Front ihre Ehre gegen den »Islamischen Staat« verteidigen. Das wundert die Welt, mich wundert es nicht. Diese Frauen wurden entführt, versklavt und verkauft, manchmal monatelang vergewaltigt. Nach ihrer Freilassung oder ihrem Freikauf haben sie sich Einheiten der kurdischen YPG, Peschmerga-Einheiten oder jesidischen Frauenbataillonen angeschlossen. Sie sagen: Wir wollen keine Opfer mehr sein.

Als ich diese Frauen im Irak getroffen habe, erlebte ich ein starkes Gefühl der Identifikation. Wenn mein Vater nicht nach Deutschland ausgewandert wäre, um seiner Familie ein besseres Leben bieten zu können, wäre ich eine von ihnen gewesen. Ich habe die Frauen gefragt, was sie erlebt haben und was sie darüber denken. Ich habe versucht, ihnen Hoffnung zu vermitteln und das Gefühl zu geben, dass sie nicht allein sind. Ich habe ihnen gesagt, dass ich allen von ihrem Schicksal erzählen werde. Das habe ich als meine Aufgabe formuliert und deutlich gemacht.

Die Frauen, die gerade der Gefahr entronnen waren, waren erstaunt, sie haben sich gewundert. Das habe ich gemerkt. Vielleicht haben sie mir auch nicht geglaubt. Eine Jesidin aus Deutschland, die Journalistin ist? Ich habe ihnen gesagt, wir sind nicht wie die Früheren, wir haben Möglichkeiten. Schaut, das ist mein Vater, und ich bin eine von euch. Dieser Moment hat mich stark berührt.

Die Jesiden haben in jüngerer Zeit einen Transformationsprozess durchlaufen, weil viele von ihnen heute in der Diaspora, in aufgeklärten westlichen Ländern leben. Doch die Traditionen, die das Überleben der Jesiden über Jahrhunderte hinweg sicherten, sind in vielen Familien noch sehr stark verankert. Auch in unserer Familie müssen Gleichberechtigung und Selbstbestimmung immer wieder neu verhandelt werden. Von uns elf Geschwistern sind sieben Mädchen. Mitunter sind wir Schwestern so dominant, dass sich unsere Brüder beschweren: Sie wünschten, wir wären sanftmütiger und zurückhaltender, so wie sie sich vorstellen, dass sich jesidische Frauen zu verhalten haben. Aber die Gleichberechtigung musste auch bei uns erkämpft werden. Meine ältere Schwester musste besonders hart für ihr Glück kämpfen. Sie kann erst heute, mit über vierzig, von sich sagen, dass sie ein eigenes, unabhängiges Leben führt. Anfangs hatte sie die Entscheidungen, die meine Eltern für sie trafen, akzeptiert. Bei mir war es umgekehrt. Ich habe erst nach meinen eigenen Entscheidungen gefragt, und dann erst danach, was meine Eltern sich von mir wünschten. Daher hatte ich es leichter.

Von Kindheit an habe ich sehr unterschiedliche Rollenbilder vorgelebt bekommen. Sie haben mir gezeigt, dass sich jesidische Frauen schon in der Generation meiner Großmutter nicht widerspruchslos in die patriarchalischen Strukturen fügten, sondern rebellierten und selbst bestimmten, welches Leben zu ihnen passt.

Als der Historiker John S. Guest in den Achtzigerjahren des vergangenen Jahrhunderts seine Forschungsreisen zu den Jesiden im Irak unternahm, bemerkte er, dass die jesidischen Frauen die einzigen waren, die er in den Dörfern zu Gesicht bekam. Die Frauen anderer Bekenntnisse wurden versteckt, sie blieben für den Besucher unsichtbar. Die jesidischen Frauen hatten kein Problem damit, fotografiert zu werden. Sie nahmen offensichtlich am gesellschaftlichen Leben teil. Die jesidische Gemeinschaft ist patriarchalisch strukturiert, aber es gibt in unserer Tradition von jeher Platz für starke Frauenfiguren.

Die Großmutter unseres derzeitigen weltlichen Oberhaupts Tahsin Beg, Mejan Chatun (1874–1957), war eine von ihnen. Mit Nachdruck setzte sie sich für die Gleichberechtigung von Mann und Frau ein. Als ihr Ehemann im Jahr 1913 von einem muslimischen kurdischen Stamm ermordet wurde, übernahm sie in Vormundschaft ihres Sohns die Macht in der jesidischen Gemeinschaft. Sie war eine geschickte Diplomatin und führte die Jesiden sicher durch die schwierige Zeit des Ersten Weltkriegs. Es gelang ihr sogar, der osmanischen Herrschaft über die Jesiden ein Ende zu bereiten. Wenn es um die Herrschaft ihres Clans ging, war sie nicht zimperlich, aber sie sorgte sich auch um die Zukunft des Jesidentums. Mejan Chatun gründete eine religiöse Schule, um den Erhalt des jesidischen Glaubens, der mündlich weitergegebenen Lehren und Mythologien, zu sichern.

In einer der jesidischen Mythologien erscheint Eva als der erste Mensch. Nachdem Gott die Erde und die Himmel geschaffen und die Tiere in die Welt gesetzt hat, sagt Tausî Melek zu ihm: »Es gibt keinen Menschen auf dieser Erde.« Daraufhin befiehlt Gott dem Engel: »Wandle durch die Welt.« Tausî Melek tut, wie ihm geheißen, und erblickt Eva. Er kehrt zu Gott zurück und sagt: »Ich habe eine Frau gesehen, aber ohne Mann ist sie nutzlos.« Gott erschafft also einen Menschen namens Adam und verleiht ihm eine Seele. Als Adam schläft, kommt Eva zu ihm, verlässt ihn aber wieder, bevor er erwacht. Adam entdeckt ihre Fußspuren, findet Eva und nimmt sie zur Frau.

Ich halte mich an den positiven, emanzipatorischen Interpretationen der jesidischen Tradition fest. Vielleicht komme ich in dieser Hinsicht nach meiner Großmutter. Sie ist einer der stärksten Menschen, die ich je getroffen habe. Sie war wie ein Alphatier. Wenn ich sie als Mensch bezeichne, dann tue ich das ganz bewusst. Sie erschien mir wie ein Mensch mit einem dritten Geschlecht. Mein Vater sagte einmal über sie: »Sie war ein Mann, und sie war eine Frau.«

Dafür wurde sie von der Gemeinschaft respektiert. Es gibt ein jesidisch-kurdisches Sprichwort: »Ein Löwe ist ein Löwe.« Es ist egal, ob der Löwe Mann oder Frau ist. Eine starke Persönlichkeit ist wichtiger als das Geschlecht.

Das schwarze Schaf

Im Nachhinein klingen Biografien immer logisch. Es musste so kommen, wie es kam. In Wirklichkeit ist es aber oft so, dass es auch ganz anders hätte kommen können. Als ich mit 18 erklärte, das Haus verlassen zu wollen, um in eine andere Stadt zu ziehen, war das ein Skandal. Die Familie spielte verrückt. Dabei ging es nur um einen Umzug von Hannover nach Bielefeld. Ich wollte dort studieren. Es war ein Skandal, nicht weil meine Eltern selbst nicht dazu bereit gewesen wären. Meine Mutter trieb eine andere Sorge um: »Was sollen die Leute denken? Was werden deine Tanten und Onkel dazu sagen? Wir können dich doch nicht unverheiratet in eine andere Stadt schicken!« Das ist erst 15 Jahre her. Damals musste ich mit allem rechnen, auch mit dem Ausschluss aus der eigenen Familie. Ich hatte Angst.

Manchmal muss es wehtun, wenn man etwas erreichen will. Manchmal muss man Opfer bringen, um seinen eigenen Weg gehen zu können. Ich habe meine Sachen gepackt und wusste nicht, wie es ausgehen würde. Nur eines wusste ich sicher: Anders geht es nicht, mit Diskussionen komme ich nicht weiter. Ich räumte meinen Schrank aus und stopfte meine Klamotten in den Koffer. Da kam meine Mutter und fragte: »Was machst du da?« – »Ich ziehe aus.« –

»Du machst was?« Da ging das kurdisch-jesidische Drama los. Es war hart, den Zorn der Familie auszuhalten. Meine Geschwister schimpften: »Du machst die Familie kaputt. Wie kannst du unseren Eltern das antun!« Das ist eine der wichtigsten Erfahrungen meiner Jugend: Manchmal muss man das schwarze Schaf sein, um voranzukommen. Dann gilt es den Groll auszuhalten, die Tatsache, dass die eigenen Eltern mit einer Entscheidung nicht einverstanden sind.

Ich habe schon als Kind begriffen, dass ich einen Drang nach Freiheit verspüre, der einem jesidischen Mädchen nicht zugestanden wird. Oft hört man den Satz: »Das kannst du mir nicht antun!« Wenn diese Drohung keine Wirkung zeigt, heißt es auch gern: »Wenn du das machst, bring ich mich um!« Was soll man darauf antworten? In solchen Situationen wurde mein Selbstbewusstsein auf eine harte Probe gestellt. Wer in so einem Moment eine eigene Entscheidung durchsetzen will, braucht eine feste Überzeugung. Du musst Nerven haben. Wenn du schwach bist, tappst du in die Falle von Mama und Papa, wenn sie sagen: »Wenn du das machst, nehme ich mir das Leben!« Meine Antwort war: »Dann nimm's dir doch. Ich geh mal was essen.«

Humor – manchmal eben auch ein etwas makabrer – spielt eine wichtige Rolle in unserem Leben. Man muss lernen, nicht alles ernst zu nehmen, sondern als Teil des großen Migrationsdramas zu begreifen. Bei uns geht es oft dramatisch zu, da muss man hin und wieder den Wind rausnehmen. Wenn meine Mutter auf Kurdisch schimpft, ich aber auf Deutsch antworte, sagt sie: »Warum bist du so respektlos und antwortest auf Deutsch?« – »Weil wir in Deutschland leben, Mama!« Heute kommt meine Nichte nach Hause, und meine Schwester fragt sie: »Warum willst du nicht mit Oma reden?« – »Oma spricht immer noch kein Deutsch, das geht nicht!« Jede Generation geht anders mit der Herausforderung um, gleichzeitig in zwei Welten zu leben. Was für die einen selbstverständlich ist, müssen die anderen sich hart erarbeiten.

Ich kann mich noch gut erinnern, dass ich als Kind an Weihnachten sehnsüchtig in die Fenster deutscher Nachbarn schaute und dachte: Das will ich auch. Ich will auch Weihnachten feiern! Damals hat aber bei uns zu Hause niemand auch nur daran gedacht, dass dieses Fest auch unser Fest sein könnte, und ich war nur ein Kind. Zwanzig Jahre später haben wir den größten Baum, die beste Gans, und wir essen Rotkohl dazu. Weihnachten haben die Kinder meiner Geschwister eingeführt, die Jüngsten in unserer Familie. Im Kindergarten fragten sie die Erzieherin: »Sind wir böse Kinder? Warum kommt der Weihnachtsmann nicht zu uns?« Eines Tages fingen sie an, mit dem wenigen Geld, das sie hatten, Geschenke für alle zu besorgen. Das erforderte bei einem kleinen Budget viel Kreativität. Sie haben uns allen einen Plastikweihnachtsbaum gekauft.

Obwohl wir keine Christen sind, ist Weihnachten inzwischen zu einem festen Ritual geworden. Und Rituale darf man nicht brechen, da bin ich empfindlich. Vor Kurzem fragten einige Geschwister, ob es wirklich sein müsse, dass wir dieses Fest feiern. Ich antwortete: »Ja, das muss sein.« Wenn ich Deutschland in die Familie gebracht habe, dann muss ich auch Weihnachten hochhalten. Ich bringe dafür auch ein Opfer, denn ich bin diejenige, die in der Küche steht und kocht, während alle anderen zum Frühschoppen gehen. Manchmal beschwere ich mich: Ausgerechnet ich, die so viel zu tun hat, muss in der Küche stehen und kochen? Es gehört zum Ritual, dass ich mich jedes Jahr aufs Neue beschwere und jedes Jahr doch wieder koche. Es gibt auch jedes Jahr dasselbe Essen.

Zu den Festtagen versammeln wir uns im Haus meiner Eltern, und meine kleinen Nichten singen deutsche Weihnachtslieder. Ich liebe es zu sehen, wie der Rummel meine Eltern glücklich macht. Sie freuen sich nicht wegen Weihnachten, sondern weil an diesem Tag die ganze Familie zusammensitzt, was nicht so oft passiert. Meine Mutter, pragmatisch wie sie ist, machte eines Tages den Diskussionen über Weihnachten ein Ende: »Nennt es, wie ihr wollt. Dann heißt es eben Weihnachten, wenn die Familie zusammenkommt. Das Wichtigste ist, ihr seid alle zu Hause und greift mir unter die Arme.«

Ich koche nicht nur an Weihnachten und Festtagen. Kochen, Küche und Freiheit gehören für mich seit meiner Jugend zusammen. Freiheit ist für mich so wichtig, weil sie mir ein paar Jahre lang genommen wurde. Damals musste ich die Rolle der treuen Tochter spielen. Ich durfte als Teenager nicht wie meine deutschen Freundinnen ausgehen. Darunter habe ich gelitten und bin vielleicht auch deswegen so freiheitssüchtig geworden. Oft musste ich zu Hause bleiben, wenn die anderen unterwegs waren. Ich hatte aber zu viel Energie, ich konnte nicht einfach vor mich hin vegetieren. Deswegen habe ich zwei, drei Jahre lang für meine Familie gekocht. Ich habe in der Küche von einer besseren Welt geträumt. Ich glaube, es war so ähnlich wie bei meinem Vater, als er auf dem Feld arbeitete und davon träumte, in einem Flugzeug zu sitzen und weit weg zu fliegen. Einerseits eroberte ich mir durch das Kochen ein Stück Freiheit: Ich kochte, damit ich am nächsten Tag zwei Stunden rausgehen durfte. Andererseits war das Kochen selbst für mich ein Akt der Freiheit. Denn in der Küche konnte ich für mich sein. Dort hatte mir niemand etwas zu sagen. Bei elf Geschwistern ist es schwer, Raum für sich zu finden. Wenn ich kochte, ließ ich niemanden in mein Reich. Der Familie habe ich gesagt: »Ihr kriegt euer Essen, aber lasst mich in Ruhe.«

Meine Mutter brachte mir das Brotbacken bei, als ich zwölf war. Sie zeigte mir, wie man Fleisch zubereitet. Also tischte ich als 14-Jährige für die ganze Großfamilie plus Verwandte komplette Festgelage auf. Während ich mich in die Rolle der treuen kurdischen Tochter fügte, träumte ich von einem Leben in Freiheit. Ich habe beim Kochen Eurodance und schwarze Musik gehört und dachte, wie schade, dass du nicht in die Disko darfst. Aber du kannst ja so tun, als wärst du in der Disko.

Am Essen unterscheiden sich die Kulturen. Am Essen kann man erkennen, was ihnen wichtig ist und wie gut sie funktionieren. Ich hatte viel mit Scheidungskindern aus intellektuellen Elternhäusern zu tun. Diese Kinder durften Vater und Mutter mit Vornamen ansprechen, waren aber emotional verarmt. Ich hatte viele solcher deutschen Freunde, die dann bei uns zu Hause am großen Esstisch gelandet sind. Sie mochten unsere Probleme, sie mochten das Selbstverständliche der Großfamilie, die großen Kochtöpfe. Dass ich anders bin, habe ich zum ersten Mal in der Grundschule gemerkt, als die Lehrerin meinte: Morgen bringen alle einen großen Topf mit. Am nächsten Tag kam ich mit dem Riesentopf meiner Mutter, und alle haben sich totgelacht, weil er doppelt so groß war wie die Töpfe der anderen. Ich habe mich wiederum über die deutschen Kinder lustig gemacht und gesagt: »Wir sollten doch einen richtigen Topf mitbringen, keine Töpfe zum Eierkochen oder solche für Saucen!« Wenn ich Schulfreunde fragte, ob ich zum Abendessen bleiben könne, lautete die Antwort oft: »Das muss ich erst mal klären, ich frag mal kurz.« Ich habe auch immer wieder gehört, wenn ich zu Besuch war: »Kannst du kurz im Zimmer warten? Ich muss essen.« Das war nicht bei allen deutschen Familien so. Viele Deutsche sind, was die Gastfreundschaft angeht, heute nicht anders als Migranten aus dem Süden, aber früher waren die Unterschiede für beide Seiten deutlich spürbar. Bei uns zu Hause hieß es: »Hallo, kommt alle rein, alle rein mit euch.« Wenn wir von einem Freund gefragt wurden, ob er mitessen dürfe, haben wir gesagt: »Was laberst du denn, Alter! Natürlich kannst du bei uns mitessen.«

Bei Tisch waren die Rollen unter uns Geschwistern klar verteilt: Die Brüder durften sich mehr herausnehmen als die Schwestern. Für die Freunde meiner Brüder, die bei uns ein- und ausgingen, habe ich oft mitgekocht. Umso mehr genoss ich es, dass ich als Mädchen mehr wusste als die Jungs und ihnen sprachlich überlegen war. Ich musste aber lernen, mich im Zaum zu halten und mein Temperament zu zügeln. Wenn ich gekocht hatte, tischte ich gefüllte Hähnchen, Aufläufe und Salate auf. Dann waren alle zufrieden, und wenn alle zufrieden waren, war ich's auch. Durch das Kochen verschaffte ich mir die Anerkennung und Wertschätzung, die ich vermisste.

Meine Eltern fanden Gefallen an ihrer treuen Tochter, die mit der Oma und den Tanten auf Kurdisch plauderte, alle bekochte und Tee zubereitete. Für sie hätte dieser Zustand ewig so andauern können. Dann aber konfrontierte ich sie damit, dass ich etwas anderes machen wollte. Irgendwann mit 15 oder 16 nahm ich den Kampf auf. Augen zu und durch. Ich habe jeden dieser Kämpfe ausgefochten, weil ich ehrlich sein wollte. Ich wollte nicht aufgeben. Vielleicht lag es daran, dass ich zuvor so überzeugend die treue Tochter gegeben hatte, dass meine Eltern davon so hart getroffen wurden. Meine Mutter erklärte sich meinen Wandel mit dem angeblich schlechten Einfluss meiner Freunde. Das waren aber gar nicht meine Freunde, das war ich: Ich wollte frei sein, ich wollte anders leben, und zwar mit allen Konsequenzen. Die erste Konsequenz war, dass ich von der treuen Tochter zum schwarzen Schaf mutierte. In der neuen Rolle fühlte ich mich wohler.

Andere Mädchen hauen in solchen Situationen einfach ab. Oft habe ich kurdische Eltern seufzen hören: »Unsere

Tochter hätte doch mal mit uns reden können.« Dann dachte ich, wisst ihr eigentlich, wie schwer das ist? Ich bin eine Kämpfernatur, deswegen habe ich die Auseinandersetzung nicht gescheut. Ich bin die Erste, die sich in unserer Familie gegen die überkommenen Rollenbilder aufgelehnt und mit der Tradition gebrochen hat – nur um die Fahne der Tradition heute umso entschlossener hochzuhalten. Heute kann ich mich als Jesidin bekennen, weil ich die geworden bin, die ich bin. Dafür musste ich mir die Freiheit nehmen, über mein Leben selbst zu bestimmen.

Die treuen Söhne und Töchter der Jesiden stellen das Glück der Eltern über ihr eigenes. Sie lassen sich fremdbestimmen, indem sie etwa einer Heirat zustimmen, mit der sie selbst nicht einverstanden sind. Ich habe schon als junges Mädchen begriffen: Wenn ich selbstlos bin, wird sich nichts ändern. Mitgefühl, Empathie und Gemeinsinn sind wichtig, aber man darf über der Fürsorge für andere seine eigenen Ziele nicht vergessen. Für mich hat Selbstlosigkeit etwas Selbstzerstörerisches. Das kann man an den treuen Töchtern und Söhnen der Jesiden gut beobachten.

Wir leben in Deutschland in einer Gesellschaft, in der es um Selbstverwirklichung geht. Das Ich steht im Vordergrund. Das kenne ich von zu Hause nicht. Meine Rettung war, dass ich dennoch ein starkes Selbstbewusstsein entwickelte. Aber woher kam das? Es entwickelte sich, weil ich für meine Leistung Wertschätzung erfahren habe. Es hat sich im Kindergarten, in der Schule und später im Studium herausgebildet. Bildung war für mich der Schlüssel. Ich habe den Weg freigeräumt für meine jüngeren Schwestern.

Mein Kampfgeist und meine Bildung kamen aber auch der Familie zugute. Oft hatten meine Cousins Schwierigkeiten in der Schule, weil sie sich schlecht benommen oder geschwänzt hatten. Weil ich so gut Deutsch sprach, war für die Familie klar: Düzen kann uns verteidigen, die kann sprechen, die nehmen wir mit. Ich begleitete sie dann in die Disziplinarkonferenzen. Für mich war die deutsche Sprache etwas Schönes. Mit ihr eröffnete sich eine ganz neue Welt. Zugleich war Deutsch für mich auch eine Waffe. Ich habe schnell begriffen, dass die Sprache eine Möglichkeit ist, sich Respekt zu verschaffen. Für mich als in Deutschland Geborene war die deutsche Sprache das, was für meine Großmutter der Stock war, mit dem sie uns verteidigt hat. Sie brauchte den Stock noch, weil die Jesiden nicht gehört wurden. Meine Waffe war das Wort.

Da saßen also fünfzehn Lehrer und der Schulleiter, und ich trat als Anwältin meiner Cousins auf. Damals habe ich gemerkt, dass ich Entscheidungen beeinflussen konnte, wenn ich den Lehrern das Gefühl des Fremden zu nehmen vermochte. Das bekannte Klischee besagt, dass der junge männliche Migrant Mist baut, und die Eltern interessieren sich nicht dafür. Durch mein Auftreten habe ich einen Strich durch diese allzu einfache Rechnung gemacht.

Die Erfahrung, dass ich etwas leisten kann, dass ich nicht nur treue Tochter meiner Eltern und Dienerin der Familie bin, hat mir später auch Kraft gegeben, wenn ich mich in die Staatsbibliothek zurückzog, um zu lesen und mich auf meine Prüfungen vorzubereiten. Das waren Momente, die ich sehr intensiv erlebt habe. Sie haben mich motiviert und inspiriert. Wenn ich von der Bibliothek nach Hause kam, war ich wieder in Kurdistan: »Düzen, geh mal Kartoffeln schälen, das Essen muss gleich fertig sein, und nimm deine Schwester auf den Arm, die weint, und dann wickle deinen kleinen Bruder.« Ich dachte bei mir, ja, ja, schon gut, ich mache das alles. Aber ich bin nicht nur das, ich bin auch noch was anderes. Ich werde nicht mein ganzes Leben lang Essen kochen und Kinder wickeln. Ich bin für etwas anderes bestimmt.

Ich wusste, dass ich mich nicht abhängig machen darf, und deswegen habe ich den Wünschen und Forderungen meiner Eltern oft knapp und entschieden entgegnet: »Mach ich nicht. Mach ich auf gar keinen Fall.« Wir durchlebten deswegen heftige Krisen. Das war eine Phase, in der sich mir grundsätzliche Fragen stellten. Nable ich mich ab, stelle ich mich ganz gegen die Eltern, oder bleibe ich? Ich wusste aber immer, dass ich mich im Zweifel für meinen eigenen Weg und gegen die Forderungen meiner Eltern entscheiden würde – selbst wenn das bedeuten sollte, dass sie den Kontakt zu mir abbrechen. Heute denke ich, dass ich großes Glück gehabt habe, weil ich beides bekommen habe: meine Familie *und* meine Freiheit. Das feste Band zu meiner Familie ist durch die Akzeptanz meines Lebensentwurfs sogar noch enger geworden. Darum sage ich, dass alles möglich ist. Ich bin fest davon überzeugt.

Nachdem ich lange Zeit die treue Tochter gegeben und mich in die Küche zurückgezogen hatte, kam die Zeit der Rebellion und der Auseinandersetzung. Ich machte Sachen, die ich ausdrücklich nicht machen durfte. Ein kurdisches

Mädchen hat in der Disko nichts verloren! Ich war 16 oder 17. Dann lag der Gang nach Hause vor mir. Ich wusste, jetzt gibt's richtig Ärger. Erhobenen Hauptes bin ich in den Kampf gezogen, wenn zu Hause das Kriegsgericht tagte: »Wo warst du, wo warst du?« – »Ich war mit meinen Freunden unterwegs.« – »Und wo?« – »Im Rainbow.« – »Im Rainbow?« Dann gab es Geschrei und Stress. Am nächsten Tag aber dachte ich: Okay, ein paar Schäden habe ich davongetragen, aber ich hab's überlebt. Manchmal denke ich mir: Ich habe diese Familie überlebt, ich habe diese Dynastie überlebt, ich habe die Jesiden überlebt.

Meine Eltern haben eines Tages verstanden, dass sie gegen dieses Kind nicht ankommen. Meine Mutter sagte etwa zu mir: »Ich würde mir wünschen, dass du den heiratest.« Da habe ich ihr geantwortet: »Heirate du den doch.« Und ging meines Weges. Meine ältere Schwester hätte sich eine solche Antwort nie erlaubt. Was das Heiraten betrifft, so sind die Regeln bei uns klar: Es gibt nur knapp eine Million Jesiden, und sie missionieren nicht. Deswegen ist das Gebot, untereinander zu heiraten, so wichtig für den Fortbestand der Gemeinschaft. Auf die Frage, wie wir auf dieses Gebot verzichten können, ohne uns als Religionsgemeinschaft langsam zu verlieren, habe ich noch keine Antwort. Das müssen wir innerjesidisch regeln. Wir dürfen junge, moderne Jesiden wegen einer Heiratsregel nicht vor die Wahl stellen, entweder auf ihr Selbstbestimmungsrecht oder auf ihr Jesidentum zu verzichten. Die strikte Heiratsregel hatte über viele Jahrhunderte ihre Berechtigung, muss heute aber vielleicht durch andere Modelle ersetzt werden. Ich bin eine gute Jesidin. Obwohl ich nicht geheiratet habe, habe ich nicht vergessen, woher ich komme.

Auch in der Mehrheitsgesellschaft musste ich mich behaupten, mich gegen Vorurteile zur Wehr setzen und mein Recht auf Teilhabe und Bildung einfordern. Ich musste lernen zu kämpfen, und das von Anfang an. Mein Deutschsein war nicht so selbstverständlich, wie es heute scheint. Davor hatten meine Eltern zuerst Angst: Wen haben wir denn da zur Welt gebracht? Meinem Vater war es zwar wichtig, Teil der deutschen Gesellschaft zu werden. Sein Dilemma, das vielleicht typisch für viele Einwanderer ist, bestand darin, dass dieser ursprüngliche Impuls zwar da ist, aber nicht zu Ende gedacht wird. Man will Teil dieser Gesellschaft werden. Man will deutsch sein, ja. Aber nur, solange dieser Prozess der Annäherung kontrollierbar erscheint, solange er nicht mit den traditionellen Werten kollidiert. Daraus ergeben sich Widersprüche, mit denen besonders die zweite Generation zu kämpfen hat.

Ich beobachte, dass diejenigen aus meiner Generation, die einen Beruf erlernt haben und ihn erfolgreich ausüben, sich oft vollkommen assimiliert haben. Sie streben danach, so zu sein wie die anderen. Ihre Herkunft würden sie am liebsten vergessen. Sie glauben, sie müssten alles Eigene aufgeben, um in der deutschen Mehrheitsgesellschaft Erfolg zu haben.

Ich finde, wir Migrantenkinder müssen uns nicht für unsere Herkunft schämen. Wir müssen cool sein, und dazu gehört für mich, nicht zu vergessen, wo man herkommt. Deshalb betone ich immer wieder, dass auch ich mit den

Problemen kämpfen musste, die typisch sind für viele Migrantenkinder. Ich stehe zu meinem Leben, gerade weil mir jeden Tag aufs Neue bewusst wird, dass meine Freiheit nicht selbstverständlich ist.

Als Jesidin musst du mit deiner Umwelt kämpfen und mit deiner Familie um deine Selbstbestimmung ringen, aber als jesidische Frau kannst du das vielleicht besser als andere, denn bei den Jesiden ist die Auflehnung Teil ihrer religiösen Erzählung. Schon Tausî Melek hat sich aufgelehnt und Gottes Befehl hinterfragt. Der Engel Pfau tut in der jesidischen Überlieferung das Richtige, weil er den Geist des grundlegenden göttlichen Gebots erfüllt, indem er Gottes Anweisung, sich vor Adam zu verbeugen, widerspricht. Denn das erste Gebot Gottes lautet, dass niemand außer ihm selbst angebetet werden darf. Wenn wir uns also in der Familie stritten, habe ich gesagt: »Tausî Melek hat doch gesagt, dass man seinen eigenen Kopf einschalten muss, wenn man mit etwas nicht einverstanden ist. Habt ihr was dagegen einzuwenden?« – »Ja, du wieder, redest dich schon wieder raus.«

Es gab bei uns zu Hause eine sehr ausgeprägte Streitkultur. Es amüsiert mich, wenn mir Leute erklären: Wir streiten nie. Dann denke ich: Ihr Armen, dann stimmt bei euch etwas nicht. Ich habe den Konflikt nie gescheut. Meine Mutter und mein Vater hatten großen Respekt davor, dass ich darüber diskutiert habe, wenn ich anderer Meinung war als sie. Oft kämpfte ich nicht nur für mich, sondern auch für meine Geschwister. Ich hatte manchmal sogar das Gefühl, dass ich meine großen Geschwister verteidigen musste. In der Familie nennt man mich deswegen auf Kurdisch »die Anwältin« – und das ist nicht nur positiv gemeint. »Du kannst einem Grau als Grün verkaufen«, sagt meine Mutter manchmal, »und wir glauben dir das, weil du uns schwindlig redest. Wenn du sprichst, dann ist das, als ob du ein Messer nimmst und immer wieder reinstichst.« Da denke ich nur: dito. Den Eindruck habe ich umgekehrt manchmal auch.

Ich liebe meine jesidische Welt genauso wie die deutsche. Es gab Zeiten, da wurde bei uns jedes Wochenende eine Hochzeit gefeiert. Alle haben sich darauf gefreut. Diese Hochzeiten gingen von elf Uhr morgens bis zwölf Uhr nachts. Da flogen die Plastikteller mit den antibiotikagespritzten Hähnchen und dem Reis und dem Weißbrot über die Tische. Wir haben gefeiert. Es wurde getanzt. Auf den Toiletten wurde heimlich geraucht. Ich nicht, aber die anderen.

Auf diesen Festen fühlte ich mich als kurdische Jesidin. Ich zog wie die anderen die traditionellen Gewänder an und dachte: So eine kurdische Hochzeit ist schon was Tolles. Die Braut ist so schön, schau dir die stolzen Eltern an! Es ist ein erhebender Moment, wenn die Braut zu Hause abgeholt und zum Wagen gebracht wird. Dieses Gefühl kannst du nicht beschreiben, es hat etwas Intensives. Auch kurdische Lieder treffen dich ganz anders, mitten ins Herz. In diesen Momenten entwickelte ich Sehnsüchte nach einem attraktiven jesidischen Mann, der mich aus dem Haus meiner Eltern abholt und mich heiratet. Dann aber dachte ich wieder: Nein, das ist doch nicht alles im Leben.

Diese Hochzeiten waren wunderschön, aber sie waren auch ein Heiratsmarkt, auf dem knallhart verglichen wurde. Wer ist hübscher, wer ist dünner, wer hat das schönere Kleid, wer hat die besten Angebote. Ich konnte nicht so gut tanzen wie die anderen, aber das war mir nicht so wichtig. Immer wenn meine Mutter gefragt wurde, wer ich sei, sagte sie: »Die kenne ich nicht, die ist von den Nachbarn.« Sie wollte nicht, dass ein Mann um meine Hand anhielt. Sie wusste, die andere Familie würde kommen, und ich würde Nein sagen. Meine Tanten lachten darüber und sagten: »Wer sich Düzen ins Haus holt, der holt sich die Oma ins Haus. Dann gibt's nur Drama, Mord und Totschlag, welcher Mann soll das aushalten?«

Eine kleine unerledigte Sehnsucht sitzt da noch immer in meinem Herzen. Doch im Nachhinein stelle ich fest, dass es richtig war, sich nicht an Äußerlichkeiten und Traditionen zu orientieren. Ich habe bald begriffen, dass Bildung eine harte Währung ist. Auf meinen Verstand konnte ich mich immer verlassen, das war mein Kompass. Meine Emotionen musste ich erst steuern lernen. Dann konnte ich mir auch mein Temperament zunutze machen.

Als Fernsehreporterin habe ich den ersten Film über einen jesidischen Ehrenmord gedreht. Wie zu erwarten, brachte mir das Thema großen Ärger mit meiner Familie ein. Aufgebracht fragte mich meine Mutter: »Musstest du dir ausgerechnet dieses Thema aussuchen?« Ich antwortete: »Ja, das musste ich. Weil ich Jesidin bin, fühle ich mich angesprochen.« Um authentisch zu sein, muss man zuerst gegen die Missstände im eigenen Umfeld kämpfen. Es wäre heuchlerisch, vorwurfsvoll auf andere zu zeigen, ohne sich mit den Folgen der eigenen Tradition zu beschäftigen.

Meinetwegen musste die Familie schon viel aushalten. Meist frage ich meine Eltern und Geschwister nicht, ob sie einverstanden sind mit dem, was ich vorhabe. Sie aber sind es, die in unserer kleinen Community die Konsequenzen für mein Handeln tragen müssen. Man könnte mich deswegen für egoistisch halten. Als jesidisches Mädchen hört man oft den Satz: »Wenn du eine Entscheidung für dich triffst, triffst du sie für alle.« Die Jesiden sind sehr auf die Gemeinschaft ausgerichtet, Individualität ist verpönt. Ein guter Ruf gründet sich auf moralische Werte wie Ehre und Würde. Meiner Mutter ist es immer wichtig gewesen, was der Rest der Gemeinschaft über uns denkt. Die Würde lag ihr vor allem am Herzen, denn sie entscheidet, wie man als Einzelner von der Gemeinschaft angesehen wird. Mit vielem, was ich tue, provoziere ich meine jesidischen Glaubensschwestern. Durch mein Beispiel lebe ich ihnen vor, dass es andere Möglichkeiten gibt. Sie aber haben sich für den angeblich guten und richtigen Weg entschieden, werden jedoch dafür nicht belohnt.

In vielen Migrantenfamilien – egal ob jesidisch, muslimisch oder christlich – hält sich die Angst der Eltern vor dem Gesichtsverlust die Waage mit ihrer Angst, die eigenen Kinder zu verlieren. Aus solchen veralteten Denkstrukturen muss man die Menschen herausholen. Neue Angebote müssen her. Bildung ist ein gutes Angebot. Durch die Partizipation an Bildung konnte ich Journalistin und Filmemacherin werden. Dadurch konnte ich öffentlich über den

Völkermord an meiner Religionsgemeinschaft berichten und ihr Gehör verschaffen.

Heute ist meine Familie stolz auf mich. Viele meiner Verwandten waren dabei, als die Unionsfraktion im Bundestag meinen Film zeigte. Ich habe die Gelegenheit genutzt, den anwesenden jesidischen Vätern ins Stammbuch zu schreiben, dass sie ihre Töchter auf ihrem Weg unterstützen sollen. Für mich war es wichtig, diese Bühne zu nutzen. Ich wollte diejenigen Väter bestätigen, deren größter Wunsch es ist, dass ihre Töchter glücklich werden, und die bereit sind, ihnen die dafür nötige Freiheit zu schenken. Die anderen wollte ich animieren, ihre Meinung zu überdenken: »Wenn ihr wollt, dass eure Töchter auch einmal hier stehen, um zu den Deutschen und den Gesetzgebern zu sprechen, dann gebt euren Töchtern eure Unterstützung, sorgt dafür, dass sie eine gute Ausbildung bekommen und alle Chancen wahrnehmen können, die sich ihnen bieten.« Es war zugleich eine Hommage und eine Liebeserklärung an meinen eigenen Vater. Ich wollte ihm danken für das Vertrauen, das er mir geschenkt hat. Mein Vater ist über sich selbst hinausgewachsen, um uns Kindern ein glückliches Leben zu ermöglichen. An unserer Integration hat er großen Anteil.

Im Reichstag wollte ich aber auch noch eine Botschaft loswerden. Für die Deutschen steht es außer Frage, in die Bildung ihrer Kinder zu investieren, dazu gehören selbstverständlich Auslandsaufenthalte und Bildungsreisen. Ich wollte deutlich machen, dass unsere Eltern, die als Gastarbeiter nach Deutschland kamen, viel mehr leisten müssen. Unsere Eltern müssen gegen die Macht der Tradition kämpfen, gegen verkrustete Familienstrukturen, die sich auf eine jahrhundertealte Macht stützen. Wenn ein in solchen Strukturen aufgewachsener und verankerter Vater sagt, die Tradition und die Meinung der Familie sind mir egal, wenn es um die Zukunft meiner Tochter geht, dann kann man eine solche Haltung gar nicht genug wertschätzen. Mir war auch wichtig, der deutschen Mehrheitsgesellschaft deutlich zu machen, dass es nicht darum geht, ethnische, kulturelle oder religiöse Unterschiede zu betonen. Was ich sage, gilt für Jesiden und Muslime nicht anders als für Christen oder Juden. Ungerechtigkeit ist Ungerechtigkeit, egal wer sie verübt und wer darunter leidet. Ob es im eigenen Kulturkreis passiert oder in einem anderen.

Früher war man eine gute Jesidin, wenn man geheiratet hat, heute ist man eine gute Jesidin, wenn man einen ehrbaren Beruf hat. Man kann das Wort Jesidin hier auch durch Tochter ersetzen, weil es für alle gilt. Ich bekomme viel Post von den Vätern und Töchtern aus meiner Community. Sie schreiben: »Du hast uns einen Weg aufgezeigt, den wir auch gehen können.« Das ist mir wichtig. Meiner Mutter ist es zwar suspekt, dass ich schon weit über dreißig, aber immer noch unverheiratet bin und allein durch die Welt reise. Aber sie hat es akzeptiert. Das Leben geht weiter, und ich bin glücklich darüber, wie es ist. Ich habe keine grauen Haare, und ich sage oft zu meiner Mutter, das liege sicher daran, dass ich nicht verheiratet bin. Sie antwortet dann: »Dafür habe ich doppelt so viele graue Haare, weil ich deine Sorgen zu meinen Sorgen mache.«

Ich habe immer davon geträumt, so zu leben, wie ich jetzt lebe, als selbstbestimmte Frau.

Manchmal, wenn wir zusammen im Wohnzimmer sitzen, sage ich zu meiner Mutter: »Der Weg, den ich gewählt habe, war vielleicht doch nicht ganz schlecht.« Dann lacht sie und sagt: »Gegen dich kommt keiner an.« Meine Mutter und ich sind uns ähnlich, vielleicht viel zu ähnlich. Ich verlange oft Dinge von ihr, die ich selbst nicht leisten kann. Es hat eine Weile gedauert, bis ich das verstanden habe. Ich lebe das Leben, das meine Mutter hätte leben können. Meine Mutter kritisiert uns oft, weil sie unsere Möglichkeiten nicht hatte. Dann sagt sie: »Wenn ich an eurer Stelle wäre, dann wäre ich heute Pilotin bei der Lufthansa.« Was sie damit sagen will, ist klar: »Was stellt ihr euch so an! Seid dankbar für die Chancen, die ihr habt!«

Was macht ein Kanake bei RTL?

Als ich bei RTL als Journalistin anfing, wurde ich gefragt: »Können Sie mit Druck umgehen?« Ich dachte bei mir: Könnt ihr mit Druck umgehen? Schauen wir doch mal, wer's besser kann. Mit Druck umzugehen hatte ich zu Hause gelernt. Gescheiterte Integration war mein Arbeitsfeld. Als Thilo Sarrazin mit seinem Pamphlet Furore machte, schickte man mich auf die Straße, um dessen Klischee vom ungebildeten, nicht-integrierten und gesellschaftlich unproduktiven Gemüsehändler nachzugehen.

Ich fuhr also nach Köln, auf den Kölnberg, eine Hochhaussiedlung aus den Siebzigern, die als sozialer Brennpunkt gilt. Dort trifft man Leute, deren Kinder Al Capone und Al Pacino heißen und die ihren Müll aus dem Fenster werfen, weil es einfacher ist. Ich bin früh am Morgen in der Siedlung angekommen. Für den Erfolg eines Beitrags ist es wichtig, möglichst schnell Protagonisten zu finden, an deren Lebensumständen und Einstellungen sich gesellschaftliche Probleme und Konfliktlinien festmachen lassen. Kaum waren wir ausgestiegen, sah ich einen rechtschaffenen Bürger, einen türkischen Bäcker, der um sechs Uhr morgens in seinem Laden stand, Brötchen buk und sie verkaufte. Und dann sah ich Heike, eine Alkoholikerin, die vor der Tür saß und sich den ersten Schnaps gönnte. Ich dachte, da sind sie ja schon, meine Protagonisten. Ich habe den Bäcker und Heike ihre Geschichten erzählen lassen und sie später gegengeschnitten. Ich habe die sozialen Probleme des Viertels anhand eines kleinen, aber repräsentativen Ausschnitts erzählt.

Heike lud uns in ihre Wohnung ein und berichtete aus ihrem Leben. Sie hatte lange Zeit als Prostituierte gearbeitet und war chronisch alkoholkrank. Der Bäcker erzählte uns, er wolle das Beste für seine Kinder und habe Angst, dass sie benachteiligt würden, weil sie an diesem Ort aufwachsen müssten. Zumeist verheimliche er den Wohnort der Familie, weil er Angst habe vor den Vorurteilen der Leute. Der Kölnberg habe einen sehr schlechten Ruf, der auf seine Bewohner abfärbe. Am Ende des Films frage ich Heike: »Sind Sie integriert?« Sie antwortet: »Ich glaube nicht.« Das war die Lebenswirklichkeit, die ich am Kölnberg vorgefunden habe. Der Beitrag, der daraus entstand, entsprach nicht ganz den Erwartungen der Redaktion, aber er war gut, also wurde er gesendet.

Wenn man sich die Themen ansieht, mit denen ich mich als Journalistin bisher beschäftigt habe, kann man als Migrant eigentlich nur erschrecken: Homosexualität in islamischen Gesellschaften, Polygamie in Deutschland, Paralleljustiz durch Friedensrichter, zwangsverheiratete Männer, jugendliche Intensivtäter, Schlägermädels, Ehrenmorde, Opiate und Gewalt auf den Straßen von Neukölln und so weiter. Wenn man sich die Filme aber anschaut, ist man hoffentlich positiv überrascht, weil sie keine Klischees und Vorurteile, sondern reale Menschen in konkreten Situationen zeigen. Ein Kollege sagte einmal, meine Beiträge seien wie ein Blick durchs Schlüsselloch, sie eröffneten dem Zuschauer eine fremde Welt. Das war ein Lob, das mich sehr gefreut und bestätigt hat. Ich habe versucht, den Zuschauern etwas zu zeigen, was sie zuvor nicht kannten, mitten in Deutschland, vielleicht in ihrer eigenen Nachbarschaft. Die erste Reaktion war meist: unglaublich, dass so etwas bei uns passiert. Dann erzählte ich, warum das passierte. Ich spielte gern mit Vorurteilen und konfrontierte die Zuschauer mit ihren eigenen Erwartungen.

Meine Filme waren provokant. Ich habe nie Geschichten vorgeschlagen, über die ich in der Zeitung gelesen hatte. Ich war nie die Redakteurin, die am Schreibtisch sitzt und im Internet nach Themen sucht. Die besten Geschichten waren die, denen ich in meinem Umfeld begegnete. Meine Kollegen wollten von mir fertige Konzepte sehen, aber ich hatte keine. Ich bin rausgegangen und habe mich umgehört. Ich habe mich mit Menschen unterhalten, bin hierhin und dorthin gefahren. Und irgendwann hatte ich meine Geschichte. In der Redaktion musste ich mich beweisen, aber wenn ich auf der Straße war, um meine Geschichten zu sammeln, dann war ich in meinem Element.

Meiner Familie und meinen Freunden habe ich oft erklärt, wie guter Journalismus funktioniert. Wir arbeiten problemorientiert. Deswegen müssen wir den Finger in die Wunde legen, hinsehen, wo etwas nicht stimmt. Damit provozieren wir die rechten Populisten ebenso wie einen Teil der Migranten. Pegida, AfD und NPD schimpfen lauthals auf die »Lügenpresse«; sie können es nicht ertragen, wenn die Berichterstattung Ambivalenzen oder gar Widersprüche aufzeigt, statt ihr geschlossenes Weltbild zu bestätigen. Die Migranten wiederum sagen: Wir werden in den Medien nur schlechtgemacht.

Oft wird mir vorgeworfen, dass ich in meinen Filmen zu wenige positive Beispiele zeige. Ich kann diesen Vorwurf verstehen. Viele Migranten reagieren zu Recht empfindlich auf eine einseitige Berichterstattung: »Ach, jetzt wollen die Deutschen uns schon wieder was über Migranten erzählen.« Als ich den Film über einen Ehrenmord in einer jesidischen Familie drehte, habe ich darauf bestanden, auch ein Gegenbeispiel zeigen zu dürfen. In der Redaktion fragte man: Warum? Das machen wir doch sonst auch nicht. Ich argumentierte, dass die Jesiden hierzulande kaum bekannt seien. Daher fände ich es wichtig zu zeigen, dass bei Weitem nicht alle Jesiden in ihren Traditionen erstarren, sondern, im Gegenteil, viele sehr gut in Deutschland integriert sind. Das durfte ich dann erzählen.

Am meisten freute ich mich über das Lob von Leuten, die in meinen Filmen nicht so gut wegkamen, aber mir und meiner Arbeit dennoch Anerkennung entgegenbrachten: »Sie hat ja recht, sie weiß Bescheid.« Das war für mich das größte Kompliment. Ich wollte keinen Beifall à la »Endlich sagt's mal jemand!« Ich habe immer Fernsehen für die alten und für die neuen Deutschen gemacht. Oft musste ich mir deswegen in der Redaktion anhören, ich mache nur Fernsehen für Migranten, ich solle bitte auch an die deutschen Zuschauer denken. Man sagte mir sogar, ich verhielte mich wie eine Migrationsbeauftragte, nicht wie eine

Journalistin. »Du vertrittst nur die Rechte von Migranten, du musst da jetzt auch mal deutsch rangehen.« Oft wurde ich auch als Klassenkämpferin beschimpft. Am Schneidetisch hieß es dann, dass ich nicht kritisch genug sei. »Du eierst rum.« Ich habe geantwortet: »Das nennt man differenzieren.« Ich wurde aufgefordert zu »verdichten«. Ich habe dagegengehalten: »Du willst doch nur, dass ich polarisiere.«

Wenn in den Medien Islam-Bashing betrieben wird, merke ich das sofort. Viele Zuschauer, besonders junge Migranten, steigen dann aus. Auch ich bekam schon zu hören: »Du machst den Islam schlecht, du machst uns schlecht.« Solche Vorwürfe kann ich aber nur bedingt nachvollziehen. Nach meinem Film über den jesidischen Ehrenmord bekam ich viele böse Mails. Man wird immer mit Mails beschossen, wenn man sich mit Problemen der Einwanderungsgesellschaft beschäftigt. Die Muslime behaupten, ich würde den Islam schlechtmachen. Die Jesiden beklagen sich, ich würde das Jesidentum in den Dreck ziehen. An solche Reaktionen muss man sich gewöhnen. Nicht wenige Deutsche hingegen wunderten sich, was ich als »Ausländerin« überhaupt beim Fernsehen zu schaffen habe: »So was nennt sich heutzutage Journalistin, wo kommen wir denn da hin? Kann die überhaupt richtig Deutsch.« Da ist nichts zu gewinnen. Man muss einfach sein Ding durchziehen.

Anfangs sprach alles dagegen, dass ich bei RTL würde arbeiten können. Ich hatte kein Volontariat durchlaufen, das beim Sender Einstellungsvoraussetzung für Redakteure ist. Ich wurde eingestellt, weil ich einen Migrationshintergrund hatte. Ich habe aber schnell begriffen, dass das eine Währung ist, mit der ich arbeiten konnte. Deswegen sage ich heute auch: Ich habe einen Migrationsvordergrund. Ich habe das als zusätzliche Kompetenz begriffen. Und ich rechne es RTL hoch an, mir diese Chance gegeben zu haben. Ich wurde durch den Betriebsrat geboxt. Ich habe einen Jahresvertrag bekommen, und dann ging es los.

Ich sollte die Probleme der Migrationsgesellschaft ins Fernsehen bringen. Die Geschichten dazu hatte ich immer schon. Ich wusste nur noch nicht, wie man sie erzählt. Ich habe bei RTL gelernt, journalistisch sauber zu arbeiten, weil ich großartige Kollegen hatte, die ihr Handwerk verstehen. Ich war wie ein Schwamm, der alles aufsog. Doch es war eine harte Schule. Vieles habe ich mir selbst beigebracht. Ich war ein Autodidakt. Ich habe gelitten und mich oft gefragt: Warum tust du dir das an? Selbst einer meiner Chefs ließ mal im Vorbeigehen fallen: »Warum tust du dir das an, geh doch einfach.« Wenn ein Vorgesetzter dir rät zu gehen, ist das hart. Ich sagte mir aber, nee, ich gehe nicht, ich bleibe so lange, bis ich's gelernt habe.

Das Ziel war klar, der Weg dorthin aber wie Knast auf Bewährung. Während meine Freunde ihr Leben genossen haben, arbeitete ich von morgens bis abends durch. Ich wollte lernen, um mir das fehlende Wissen anzueignen. Scheitern war keine Alternative. Das hat mit meiner Herkunft zu tun. Ich hatte nicht nur eine Familie, sondern gefühlt eine ganze Religionsgemeinschaft zufriedenzustellen. Eine meiner Tanten fragte etwa: »Wie, der Film ist von dir, warum sehe ich dich denn dann nicht? Kann ja jeder kommen, ihr erzählt mir hier doch einen vom Pferd.« Die andere meinte: »Ach ja, ich habe Düzen gesehen, aber viel zu kurz, warum sagt die nie was?« Manche aus der Familie haben das Prinzip Fernsehreporterin bis heute nicht verstanden. Sie fragten sich, warum schweigt sie die ganze Zeit und läuft da rum wie so 'ne Laufpuppe? Ich musste mir viel anhören und auch oft darüber lachen. Doch die Themen, die ich mir aussuchte, waren alles andere als komisch.

Schon im Titel meiner Filme nannte ich die Dinge beim Namen. In »Angst vor den neuen Nachbarn« ging es um Intensivstraftäter mit Migrationshintergrund. Als ich 2009 damit begonnen habe, für diesen Beitrag über jugendliche Intensivtäter zu recherchieren, war es ein Tabu, dabei ausdrücklich über ihren migrantischen Hintergrund zu sprechen. Ich hatte mir die Frage, die ich zu beantworten suchte, aber genau so gestellt: Wie werden aus Kindern Kriminelle? Warum haben viele jugendliche Intensivtäter einen Migrationshintergrund? Konkret: Warum werden 43 Prozent der Straftaten in deutschen Großstädten von Jugendlichen mit Migrationshintergrund begangen? Sind daran die Jugendlichen schuld, oder hat es damit zu tun, dass ihre Integration in unsere Gesellschaft nicht geklappt hat? Hat das also etwas mit uns zu tun? Ich war froh, dass ich in meiner Redaktion diese Fragen stellen konnte, die woanders als politisch nicht korrekt galten.

Der Protagonist unseres Films hieß Ahmed. Ich fand ihn, weil er einen Rap über sein Leben in Bonn ins Netz gestellt hatte, und begleitete ihn ein Jahr lang. Ahmed erzählte mir von seinen Straftaten, zu denen Delikte wie Körperverletzung und Raubüberfälle gehörten. Er und seine Freunde haben mir ihre Beute aus Einbrüchen und Diebstählen gezeigt, geklaute Uhren etwa. Als wir am Petersberg waren, sagten sie: »Eh, guck mal, da drüben hat Hitler immer gechillt.« Wir gingen an Orte, an denen die Kameramänner Angst hatten, dass ihnen die Kamera geklaut würde. Ich wusste aber, dass die Jungs mich nicht enttäuschen würden.

Die Geschichte von Ahmed, dem Intensivstraftäter, spielt in Bonn-Bad Godesberg. Dort rechtfertigten junge Migranten ihre Diebstähle so: »Wir holen uns jetzt, was uns zusteht.« In Bad Godesberg wohnten traditionell viele Akademiker und überdurchschnittlich gut verdienende Beamte. Durch den Hauptstadtbeschluss erfuhr die Stadt allerdings einen Strukturwandel. Die Mieten sanken. In die leeren Wohnungen der ehemaligen Bediensteten der Botschaften und des Personals des Bundestags in unmittelbarer Nähe der Villenviertel zogen Migrantenfamilien. Wo früher bürgerliches Leben dominierte, gab es nun Gewalt auf der Straße. Die Geschäfte in der Fußgängerzone litten unter ständigen Einbrüchen. Menschen wurden abends vor ihrer eigenen Haustür angegriffen. Viele Einwohner sagten, sie hätten Angst, nachts auf die Straße zu gehen. Es war eine Stadt, aber es waren zwei Welten.

Ahmed lief mit mir durch die gediegenen Villenviertel und sagte: »Guck mal, hier scheint die Sonne. Aber bei mir auf'm Teller gibt's nur Scheiße zu fressen.« Ich lernte von ihm neue Begrifflichkeiten wie »Tresore flexen«, wenn er von seinen kriminellen Aktivitäten erzählte. Nachdem er Einbrüche verübt hatte, holte er sich sein Hartz-IV-Geld ab. Er war stolz darauf, sich neue Turnschuhe leisten zu können. Er behauptete, er habe mit seinem Vorstrafenregister ohnehin keine Chance auf dem Arbeitsmarkt. Der Leiter des örtlichen Arbeitsamts widersprach vor laufender Kamera: Ahmed kenne nichts anderes, er traue sich nur nicht. Er solle es einfach mal probieren.

Am Ende unserer gemeinsamen Zeit überredete ich Ahmed zu einem Gespräch mit zwei Ladenbesitzern, die Opfer von Einbrüchen geworden waren. Die Geschädigten sahen ihre Existenz bedroht. Einer der beiden sagte, er habe wegen seines Ladens zum ersten Mal geweint, die Versicherung komme für den Schaden nicht auf. Er erzählte von seiner Ohnmacht und von seiner Wut. Ahmed war ehrlich betroffen, der Mann tat ihm offensichtlich leid. Aber er war nicht in der Lage, sein Leben zu ändern.

Ahmed ist ohne Vater aufgewachsen. Als er vier Jahre alt war, kam seine Mutter mit ihm und seinen Geschwistern aus dem Irak nach Deutschland. Die Lehrerin war vor den Schlägen ihres Mannes, Ahmeds Vater, geflohen. Ahmed war elf, als seine Mutter starb. Das Jugendamt übernahm die Vormundschaft, später kümmerte sich seine Großmutter um ihn. Mit 19 war er arbeitslos und hatte schon einige Straftaten begangen, wollte aber wieder zur Schule gehen. Doch die Sachbearbeiterin beim Jobcenter lachte nur: Er solle einen Ein-Euro-Job annehmen. Ahmed weigerte sich, seine Leistungen wurden gestrichen.

Nun verdiente er sein Geld durch Einbrüche. Ahmeds Freunde erzählten uns vor der Kamera über Gewalt in den Familien und von dem überwältigenden Gefühl, chancenlos zu sein. Mit dem Klauen von Süßigkeiten begannen ihre kriminellen Karrieren. Als wir sie trafen, hatten einige der Jungs, die nun Mitte zwanzig waren, schon mehrere Jahre Gefängnis hinter sich.

Weder war ich einverstanden mit dem, was Ahmed und die anderen taten, noch fand ich es richtig, wie sie sich ihr Tun im Nachhinein zurechtbogen. Dennoch konnte ich mich gut in sie einfühlen. Ich hatte Zugang zu ihnen, ich verstand ihre Gefühle. Ich weiß, wie weh es tut, nicht gesehen zu werden. Ich verstand diese Jungs gut, weil ich mich als Kind selbst behaupten musste: »Hallo, mich gibt's auch noch, ich bin auch noch da, ich bin genauso gut wie Jessica und Yvonne.« Das ging schon in der Grundschule los. Manche Lehrer bevorzugten die Jessicas und Yvonnes, nur weil sie Jessica und Yvonne hießen. Klar, es gab auch die anderen, die Förderer. Aber ich habe früh begriffen, dass man als Migrantenkind 200 Prozent geben muss, um genauso anerkannt zu werden wie die anderen.

Die Jungs von der Straße waren nicht dumm, sie waren im Gegenteil sehr clever. Sie wussten genau, wie sie sich durch die Nacht bewegen, an welchen Orten sie vorsichtig sein mussten. Sie ließen Sprüche los wie: »Eh, du bist krass, du bist 'ne verrückte Kurdin, wo gehst du mit uns hin, mitten in der Nacht, was ist los mit dir?« Das war ihre Art, mir Respekt zu bekunden. Ich kannte Jungs wie sie. Für mich war ihr Leben nichts Fremdes. In Redaktionskonferenzen hieß es oft: »Kennst du das, Düzen, hast du damit schon mal zu tun gehabt?« Ich antwortete meist: »Um Gottes willen, nein.« In Wahrheit kannte ich jedes dieser Themen aus meinem nächsten Umfeld.

Wenn man als Journalistin über Konflikte in Einwandererfamilien berichten will, ist es hilfreich, wenn man Ähnliches selbst erlebt und gefühlt hat. Das lernst du nicht an der Uni. Als ich etwa über das Thema Ehrenmord berichtet habe, wurde mir durch die Reaktionen meiner Kollegen einmal mehr deutlich, wie wichtig es ist, dass solche Geschichten von einer Person erzählt werden, die aus demselben Kulturkreis kommt, weil sie realistischer berichten kann, weil sie bestimmte Verhaltensweisen lesen kann, die jemand anderer vielleicht gar nicht bemerkt oder falsch interpretiert. Aber ein Migrationshintergrund macht noch keine Journalistin. Meine Redaktion hat lange geglaubt, dass ich Menschen wie Ahmed wegen meines eigenen Migrationshintergrunds vor die Kamera bekomme. Das war ein Missverständnis. Ich habe die Menschen vor die Kamera bekommen, weil ich offen bin für Menschen, die ihre Geschichten erzählen wollen. Es war ein Vorurteil meiner Kollegen, zu denken, mein Zugang zu den Menschen habe mit meinem Background zu tun.

Ganz grundsätzlich aber gilt für Journalisten mit und ohne Migrationshintergrund: Wenn du über soziale Probleme berichtest, musst du wissen, wovon du redest, und das kannst du nur, wenn du die Menschen triffst. Wenn du dann dein Thema gefunden hast, musst du den Mut haben, darüber zu berichten. Ich sagte also in der Redaktion: »Lasst uns einen Beitrag machen über zwangsverheiratete Männer.« – »Wo, in Deutschland?« – »Ja, ja.« – »Welche Männer?« – »Migranten-Männer.« – »Das gibt's?« – »Natürlich gibt's das.« Ich kannte Männer, die von ihrer Familie zwangsverheiratet wurden. Ich wusste auch um die emotionale Erpressung durch die Eltern, ohne die man dieses Phänomen im 21. Jahrhundert mitten in Deutschland nicht verstehen kann. Der Beitrag wurde einer meiner besten, aber er hat wehgetan. Meine Filme gehen mir immer nahe. Oft bekomme ich während der Drehs Bauchschmerzen, und das ist wörtlich gemeint. Ich habe zerrüttete Familien gesehen. Ich habe sieben Jahre lang über nichts anderes berichtet als über Themen, die mir Schmerzen bereiteten.

In Berlin habe ich einen Beitrag gemacht über Tilidin. Ich war mit den Jungs in der Hasenheide, habe gesehen, wie sie dealten. Tilidin ist ein Betäubungsmittel, ein Opiat, und es macht dich schmerzfrei. Du fühlst nichts mehr, weder für dich noch für andere. Tilidin haben viele junge Migranten in Neukölln genommen. Sie erzählten mir, dass sie das Medikament von Ärzten verschrieben bekommen. Also bin ich mit versteckter Kamera selbst zu einem solchen Arzt und habe mir Tilidin verschreiben lassen. Tilidin macht sehr schnell abhängig, und es macht die Betroffenen aggressiv. Sie schlagen hemmungslos um sich, weil sie unter dem Einfluss des Opiats keine Schmerzen spüren. Exzessive Gewalt auf den Straßen von Neukölln ist auch das Ergebnis von Tilidin. Das Schicksal meines jungen Protagonisten Mohammed hat mich noch lange beschäftigt. Mehr als alles andere wünschte er sich, endlich von der Sucht loszukommen, um die sich sein ganzes Leben drehte.

Für meinen Beitrag über Polygamie drehte ich ebenfalls in Neukölln. Die Familie saß im Wohnzimmer und erzählte von ihrem Alltag. Der Mann war als Gastarbeiter aus der Türkei nach Deutschland gekommen. Nach etlichen Jahren Ehe hatte er sich eine türkische Zweitfrau genommen und sie nach Berlin geholt. In meinem Beitrag wurde deutlich, wie unglücklich die Frauen mit der Situation waren. Die entscheidende Figur des Films ist aber einer der Söhne: Er erzählt von seiner Angst, in der Schule wegen seines polygamen Vaters angemacht zu werden, und er erklärt, warum es nicht richtig ist, mehrere Frauen zu haben. Seine größte Angst ist, jemand könne denken, dass auch er sich eine Zweitfrau nehmen wolle. Es ist der wahrhaftigste und traurigste Moment des Films: Er zeigt die Kluft zwischen dem Vater, der aus einer anderen Zeit und von einem anderen Ort kommt, und seinem Sohn, der in der westlichen Moderne angekommen ist. Die Distanz, die innerhalb einer Familie zwischen den Generationen liegt, wird hier sichtbar.

Ich habe auch die Dealer im Görlitzer Park in Kreuzberg getroffen. Das war lange vor der großen Flüchtlingswelle, doch alle Probleme lagen schon offen: Einer der Dealer erzählte, dass er diese Arbeit nicht mag, aber sich so sein Geld verdiene. Ein anderer rief: »Ich habe die Wüste und das Meer überlebt, glaubst du, ich habe Angst vor euch?«

Ein dritter warf mit Flaschen nach uns. Trotzdem habe ich mit den Männern gesprochen. Sie haben mir von sich erzählt. Einer berichtete, dass er in seiner afrikanischen Heimat politisch verfolgt wurde. Am Beispiel der Dealer eines kleinen innerstädtischen Parks trat das Scheitern der gesamten Asyl- und Drogenpolitik zutage.

Es gibt Migrantenkinder, die in Kreuzberg geboren sind und über die Dealer im Park sagen:»Die Afrikaner sind die schlimmsten. Die waren Kindersoldaten, die sind zu allem in der Lage.« Auch zwischen alteingesessenen und neu zugewanderten Migranten tun sich Gräben auf. Ich zeige in diesem Film einen Vater, der mit seinem Sohn auf dem Fahrrad durch den Park fährt und im Beisein seines Kindes Drogen angeboten bekommt. Auch dieser Vater wird von der Politik im Stich gelassen.

Wenn ich Menschen getroffen habe wie Ahmed, die sich mit kriminellen Aktivitäten über Wasser hielten, habe ich ihnen gesagt:»Zeigt mir, was euch Angst macht. Zeigt mir, was euch wehtut. Sagt mir, was ihr anklagt! Ich will auch den Schmerz eures Ausgeschlossenseins transportieren.« Und ich habe ihnen versprochen:»Ihr werdet es nicht bereuen.«

Mit »Angst vor den neuen Nachbarn« haben wir den Bayerischen Fernsehpreis gewonnen. In ganz Bonn redeten die Leute über den Film. Die Jungs haben mir später erzählt, es habe geheißen:»Da gibt es eine Ausländerin, die ist eine von uns, die macht einen Film über uns. Der ist anders als die anderen Filme, schaut euch den mal an.« Mancher wunderte sich:»Was macht ein Kanake bei RTL?«

Ich wollte mit dem Film zeigen: Diese Menschen brauchen eure Hilfe, die schaffen es nicht allein. Sehr viele jugendliche Intensivstraftäter haben einen Migrationshintergrund. Die Frage ist, warum. Wir kamen nach vielen Gesprächen mit Betroffenen, Psychologen, Soziologen und Polizisten zu dem Schluss, dass viele jugendliche Intensivtäter männliche Migranten sind, die in der eigenen Familie Gewalt erfahren und nur eine schlechte Schulbildung genossen haben. Diskriminierungserfahrungen und das Fehlen von Vorbildern tun ihr Übriges.

Die Schlussfolgerung lautet daher für mich: Um dieser Probleme Herr zu werden, muss viel mehr Geld in unser Bildungssystem fließen, insbesondere in Schulen, die einen hohen Prozentsatz von Kindern aus Einwandererfamilien haben. Ich bin deswegen ins Bundeskanzleramt und habe mit der damaligen Bundesbeauftragten für Migration, Flüchtlinge und Integration gesprochen. Das war im Jahr 2010. Ich habe Maria Böhmer gefragt, wann der Migranten-Soli kommt. Sie lachte. Die Bundesbeauftragte fand, auf meine Frage könne man nur mit Humor reagieren. Ich meinte sie aber ernst. Wir haben als Gesellschaft eine Verantwortung für diese jungen Männer.

Als Mehmet, der vielleicht bekannteste jugendliche Intensivtäter, aus Bayern abgeschoben wurde, war das ein Politikum. Ich war die erste Journalistin, die ihn nach seiner Abschiebung in der Türkei getroffen hat. Mehmet vor die Kamera zu bekommen war schwierig. Er fühlte sich von RTL nicht richtig dargestellt. In der Türkei wiederum hatte man aus Mehmets Fall politisches Kapital schlagen wollen und ihn als den armen, in Deutschland unterdrückten Jungen dargestellt. Man hatte ihm erst Versprechungen gemacht und ihm dann Diebstahl unterstellt. Ich war erstaunt, dass mir Mehmet an einem Ort zwischen Istanbul und Edirne in breitem Bayerisch erklärte, wie sehr er Leberkäs und Brezen vermisse. Er sagte mir: »Ich war doch noch ein Kind. Man hätte mir doch die Möglichkeit geben können, mich zu resozialisieren.«

Ich befürchte, dass er in der Türkei nie zurechtkommen wird und ein einsames Leben vor ihm liegt. Je länger ich recherchierte, desto deutlicher trat zutage, aus welch zerrütteten Familienverhältnissen der Junge kam. Er hatte, als man ihn in die Türkei abschob, weit über 60 Straftaten verübt. Zuletzt hatte er einen Schüler brutal angegriffen und sein bewusstloses Opfer dann ausgeraubt. Ich war wütend, dass ich Mehmets Geschichte nicht zu Ende erzählen durfte. Dafür war das Sendeformat zu kurz. Seine Geschichte hätte mehr Sendezeit verdient.

Warum bekommen gesellschaftliche Themen von solcher Relevanz nicht mehr Sendezeit und damit auch Aufmerksamkeit? Warum darf ich nicht differenzieren, warum muss ich ein bestimmtes Bild herstellen? Ich habe es hin und wieder als ambivalent erlebt, was sich die Medien auf die Fahnen schreiben und wie sie diesen Anspruch konkret umsetzen. Nach außen heißt es gern: Na klar, Integration ist wichtig, das müssen wir nicht thematisieren, das ist doch klar! Aber wenn man genau hinsieht, werden in den Medien gern Klischees bedient. Oft sind der Sensationswert und das Erregungspotenzial von Fernsehbeiträgen und Artikeln wichtiger als der differenzierte Blick auf konkrete Menschen, der ihre Lebenswirklichkeit erfasst. Wenn die Neuen Deutschen Medienmacher in den Sender kamen, wurde ich gefragt: »Düzen, möchtest du da nicht hingehen?« Die Neuen Deutschen Medienmacher setzen sich dafür ein, dass sich die Vielfalt der deutschen Einwanderungsgesellschaft in der Berichterstattung durch die Medien widerspiegelt. Denn rund 20 Prozent der Deutschen haben heute auf die eine oder andere Weise einen »Migrationshintergrund«, in den deutschen Medien arbeiten jedoch nur geschätzte drei Prozent mit einer derartigen Vita. Als ich gefragt wurde, ob ich nicht zum Workshop der Neuen Deutschen Medienmacher gehen wolle, dachte ich mir: Da müsst ihr hingehen, nicht ich.

Ich habe mich immer bemüht, über der Gegenüberstellung von »Wir« und »Ihr« zu stehen. Ich habe die Rolle der Vermittlerin und Dolmetscherin eingenommen und versucht, den Menschen eine Stimme zu geben, die keine haben. Dabei habe ich gemerkt, wie dankbar es von den Leuten angenommen wird, wenn jemand hinsieht, wenn sie nicht mehr allein sind. Ich habe die Leute auch zum Sprechen gebracht, weil sie endlich einmal gefragt und ernst genommen wurden. Weil sie viel zu erzählen hatten und weil sie ihre eigene Geschichte erzählen wollten. Mit vielen meiner Filme habe ich den Protagonisten selbst erst klargemacht, was das Problem ist. Der Mann mit den zwei Frauen etwa war nicht böse, er verhielt sich nur egoistisch. Er hat nie darüber nachgedacht, was er seinen Frauen und seinen Kindern antut. Ich bin mir sicher, dass wir auch bei

Ahmed etwas ausgelöst haben, weil wir ihm einen Spiegel vorgehalten haben. Inzwischen ist es ihm gelungen, sein Leben als Kleinkrimineller hinter sich zu lassen. Jungs wie Ahmed, aus Bad Godesberg und anderswo, die in die Kamera schreien, was sie umtreibt, sind Gold wert, weil sie uns ungefiltert sagen, was an manchen Orten in Deutschland los ist. Wir können uns dann überlegen, wie wir mit diesen Informationen umgehen. Mir ging es nie darum, den Zuschauern die Welt zu erklären. Mir war wichtig, dass sich die Motivation von Menschen von allein erklärt, von innen, aus ihrer subjektiven Sicht heraus: Das ist der Status quo, und jetzt kannst du dir als Zuschauer überlegen, was du damit anfängst.

Medien tragen wesentlich dazu bei, der Gesellschaft ein Bild von sich selbst zu vermitteln. Wenn dieses Bild in Bezug auf Zuwanderer zu klischeehaft ist, hindert es die Mehrheitsgesellschaft daran, die Minderheit realistisch einzuschätzen, und es vermittelt der Minderheit das Gefühl, nicht dazuzugehören. Umgekehrt kann die Mehrheit das Gefühl bekommen, die Realität werde ihr in den Medien vorenthalten, wenn sie ihre Lebenwirklichkeit dort nicht mehr wiederfindet.

Mir war immer wichtig, Menschen sprechen zu lassen, statt über sie zu sprechen. Das sind für mich spannende Momente. Ich muss mit meinem Gesprächspartner nicht einer Meinung sein, aber es ist erhellend, was er erzählt. Es kann nicht einfach als dummes Zeug abgetan werden, nur weil es mir nicht gefällt. Bei vielen Kollegen, die sich mit den Themen gelingender und scheiternder Integration befassen, stört mich der erhobene Zeigefinger, die autoritäre Stimme, die sagt: »So geht das aber nicht!« Es muss einem Reporter darum gehen, jemanden in seiner Handlung, so unakzeptabel sie auch für uns sein mag, nachzuvollziehen und dann daraus Schlüsse zu ziehen. Weil ich kein Volontariat hatte, habe ich von RTL irgendwann ein Coaching bekommen. Ich wurde von Steve Bellis trainiert, einem amerikanischen Editor, einem der Besten. Er erklärte mir, ich müsse Fernsehen machen für Henry und Oma. »Oma, die schon alles weiß, und Henry, der nicht lesen und schreiben kann.« Mit diesem etwas rätselhaft klingenden Spruch ist etwas sehr Wichtiges gesagt. Fernsehzuschauer sind Menschen wie Oma, die einen großen Erfahrungsschatz besitzen, die Berufe erlernt haben, gebildet sind und Kinder großgezogen haben. Sie haben genug Verstand, um einordnen zu können, was ihnen im Fernsehen präsentiert wird. Fernsehzuschauer haben aber auch, wie Henry, ein sehr gutes Gefühl dafür, ob etwas authentisch ist oder nicht. Henry ist Omas Hund.

Muslime, hinterfragt eure Werte!

Ich habe mich gefreut, als ich 2014 von der Gründung des Muslimischen Forums erfahren habe. Ich dachte, endlich ist es so weit, jetzt finden die Stimmen der liberalen, aufgeklärten Muslime in Deutschland Gehör. Bislang war das nicht der Fall gewesen: Auf der Islamkonferenz waren die liberalen Muslime von den mächtigen Verbänden systematisch an den Rand gedrängt und zermürbt worden. Zwar war die Islamkonferenz, die Wolfgang Schäuble 2006 ins Leben gerufen hatte, gut gemeint. Doch kaum war die Konferenz zu einer Institution geworden, setzten sich die Verbände der Religiösen mit ihren Forderungen durch. So entschied man etwa, türkische Imame nach Deutschland zu entsenden, um hier in einer Sprache zu lehren und zu predigen, die die meisten Deutschen nicht verstehen. Viele liberale Muslime waren von dieser Entwicklung irritiert und zogen sich aus der Islamkonferenz zurück. Damit gingen der Integrationsdebatte aber wichtige Stimmen verloren, denn gerade die Liberalen, die sich mit dem Grundgesetz identifizieren und ihre Religion kritisch hinterfragen, könnten ihr neue Impulse geben.

Wie die Studie »Muslimisches Leben in Deutschland« dokumentiert, leben hierzulande gut 3,5 Millionen Muslime und rund 500 000 Aleviten. In der Regel sind Muslime religiöser als der Rest der Bevölkerung, aber die meisten von ihnen halten die Demokratie für eine gute Regierungsform. 60 Prozent von ihnen geben an, mehr nicht-muslimische als muslimische Freunde zu haben, neun von zehn haben regelmäßig Kontakt zu Nicht-Muslimen. Die Masse der Muslime ist längst in Deutschland angekommen, sie lebt nicht in Parallelgesellschaften.

Viele Muslime fühlen sich von den etablierten muslimischen Verbänden – der Türkisch-Islamischen Union der Anstalt für Religion (DITIB), dem Islamrat für die Bundesrepublik Deutschland, dem Verband der islamischen Kulturzentren und dem Zentralrat der Muslime in Deutschland – nicht vertreten. Zwar behaupten diese Institutionen, die Mehrzahl der in Deutschland lebenden Muslime hinter sich zu versammeln, in Wirklichkeit sind aber nur 20 Prozent der Muslime über diese vier Verbände organisiert. Die Politik fragt also zu Recht: Wer spricht eigentlich für euch? Durch wen fühlt ihr euch repräsentiert? Das Muslimische Forum will den liberal gesinnten und humanistisch orientierten Muslimen eine Stimme geben. Es ist Ausdruck eines neuen Republikanismus. Es steht für einen Patriotismus, der nicht ausgrenzt, sondern alle einbezieht, die für das Grundgesetz und die Werte der Demokratie eintreten. Und es ist ein Ort, an dem eine innermuslimische Streitkultur mit der Öffentlichkeit kommunizieren kann.

Dem Muslimischen Forum gehören Muslime verschiedener konfessioneller Strömungen – Sunniten, Schiiten und Aleviten – an, aber auch Christen und Jesiden. Manche Mitglieder des Forums sind gläubig, manche nicht. Als ich gefragt wurde, ob ich Mitglied werden wolle, habe ich ohne zu zögern zugesagt. In Deutschland leben derzeit ungefähr 60 000 Jesiden, es ist die größte jesidische Diaspora weltweit. Unsere Ursprungsländer sind heute vom Islam dominiert. In der Vergangenheit erlebte meine Familie Muslime als Beschützer, aber auch als Verfolger. Deshalb war es mir wichtig, beim Muslimischen Forum dabei zu sein. Obwohl die Mitglieder des Forums im Einzelnen sehr unterschiedliche Positionen vertreten, sind sie sich doch in wesentlichen Fragen einig. In der Gründungserklärung des Forums heißt es: »Wir setzen uns ein für die Etablierung eines Islamverständnisses, das mit unseren Grundwerten und der deutschen Lebenswirklichkeit übereinstimmt. Dieses Islamverständnis soll theologisch fundiert sein und daher dem Selbstverständnis einer bekenntnisgebundenen Sicht auf den Islam gerecht werden und die Rechte und Freiheiten des Individuums wahren.«

Damit wendet sich das Forum ausdrücklich gegen jegliche Form der Diskriminierung, es lehnt rassistische Stereotype ebenso ab wie Aversionen aufgrund einer sexuellen Orientierung. Es setzt sich ein für Rede- und Meinungsfreiheit. Angestrebt wird ein offener Diskurs über kulturelle Gemeinsamkeiten und Unterschiede sowie über die Rolle der Religion in der Gesellschaft. Jeder Mensch hat demnach das Recht, seine Religion frei zu wählen und sich öffentlich zu ihr zu bekennen.

Die Mitglieder des Forums kommen sämtlich aus islamisch geprägten Ländern. Meine muslimischen Kollegen müssen sich oft für mich rechtfertigen: Was macht eine

Jesidin im Muslimischen Forum? Was hat die bei euch verloren? Das haben mich auch Leute aus der jesidischen Gemeinde gefragt. Die Antwort ist einfach: Ich möchte mitreden, wenn es um den Islam in Deutschland geht. Als Angehörige einer Minderheit, die Jahrhunderte unter islamischer Herrschaft gelebt hat, betrifft uns das Thema Islam nicht weniger als die deutsche Mehrheitsgesellschaft.

Das Muslimische Forum ist ein Verein, der Fördermitglieder aufnimmt. Über die Mitgliedschaft wird basisdemokratisch entschieden. Weil sich das Forum zu den Grundwerten bekennt und nicht nur Muslimen, sondern auch Christen und Jesiden offensteht, ist es den alten Verbänden ein Dorn im Auge. Zugleich befürchten die Konservativen, die Deutungshoheit über Fragen der Religion und des Zusammenlebens zu verlieren. Das Forum besteht zum großen Teil aus weltoffenen Intellektuellen. Als einer der Ersten unterzeichnete Mouhanad Khorchide, der Leiter des Zentrums für Islamische Theologie der Universität Münster, die Gründungserklärung. Mouhanad Khorchide bildet Imame aus, die später in Deutschland predigen werden. Weil er einen liberalen Islam lehrt, wird er von den Radikalen bedroht.

Die Frage, wer die Mehrheit der Muslime in Deutschland repräsentiert, gewinnt immer mehr an Bedeutung. 70 Prozent der Asylsuchenden, die im ersten Halbjahr 2015 nach Deutschland kamen, waren Muslime. Im November des vergangenen Jahres formulierte Bundesinnenminister Thomas de Maizière die Idee, die konservativen muslimischen Verbände sollten Integrationslotsen für Flüchtlinge stellen. »Ich würde mir wünschen, dass die muslimischen Verbände Brückenbauer sind für diejenigen Flüchtlinge, die neu zu uns kommen. Sie können Vorbild sein«, sagte der Innenminister auf der zweiten Sitzung der Deutschen Islamkonferenz. Bereits jetzt sind 10 000 Mitarbeiter islamischer Verbände und Moscheegemeinden zumeist ehrenamtlich als Sozialarbeiter im Einsatz. Diese Arbeit solle im Jahr 2016 durch den Bund finanziell gefördert werden, kündigte de Maizière an. Auch der Bundesfreiwilligendienst solle 10 000 zusätzliche Stellen erhalten, die von Mitgliedern aus Moscheegemeinden besetzt werden könnten. Familienministerin Manuela Schwesig sagte dazu: »Wir brauchen die Muslime, um die Integration voranzubringen.« Sie sollen als »Kulturdolmetscher« eingesetzt werden.

Dass Menschen mit Migrationshintergrund gute Integrationslotsen abgeben, liegt auf der Hand. Die Frage ist aber, ob diese Schlüsselposition bei der Integration der Flüchtlinge ausgerechnet von konservativen muslimischen Verbänden besetzt werden muss. Ahmad Mansour, der Sprecher des Muslimischen Forums, bezweifelt das. »Zu glauben, dass so Integration in die deutsche Gesellschaft gefördert wird, ist amateurhaft. Unser Innenminister begeht einen Jahrhundertfehler«, erklärte Mansour. Er glaube, dass viele dieser Organisationen die falschen Ansprechpartner für Flüchtlinge sind, »weil sie Werte vermitteln, die eine Parallelgesellschaft unterstützen«. Es reiche nicht, Flüchtlingen den Weg zur Moschee zu zeigen und ihnen einen Koran zu schenken. Sie sollten auch lernen, wie Deutschland funktioniert, wo die besten Schulen am Ort sind, wie man eine

Bewerbung schreibt, welche Chancen sie haben und vor allem, welche Werte in dieser Gesellschaft gelten. Deswegen sollten die Neuankömmlinge Kontakt zur Mehrheitsgesellschaft bekommen und nicht von konservativen Moscheegemeinden integriert werden.

Ähnlich sieht es Ali Ertan Toprak, Präsident der Bundesarbeitsgemeinschaft der Immigrantenverbände in Deutschland: »Die islamischen Verbände sollten erst einmal für die Integration ihrer eigenen Mitglieder sorgen, bevor sie die staatlich subventionierte Integrationsarbeit für die Flüchtlinge übertragen bekommen. Die Verbände werden Tendenzen zu einer antisäkularen, letztlich antidemokratisch-islamistisch-fundamentalistischen Orientierung unter Teilen der Neueinwanderer nicht aktiv entgegentreten, sondern sie im Gegenteil unterstützen.« Toprak kritisiert, dass sich die Islamverbände einer ehrlichen Debatte über die deutsche Werteordnung verweigern und sich dabei hinter der Religionsfreiheit verstecken. Der Staat scheue die Konfrontation mit den Islamverbänden und trage damit zur Untergrabung unseres Wertekanons bei.

Viele liberale und säkulare Muslime klagen darüber, dass die großen Verbände zu leise sind, wenn fundamentalistische Muslime versuchen, die Definitionsmacht darüber an sich zu reißen, wer ein guter Muslim ist und wer nicht. Sineb El Masrar, etwa, Autorin des Buches *Muslim Girls – Wer wir sind, wie wir leben*, mahnt die Verbände: »Weil ich meinen Freunden zu Weihnachten gratuliere und kein Kopftuch trage, werde ich zur Abtrünnigen erklärt. Aber das scheint niemanden von unseren Verbandssprechern aufzufordern, sich langsam etwas dazu zu überlegen, wie man das mit den radikalen Rändern in den Griff bekommt.«

Ich finde all diese Einwände bedenkenswert. Wie sollen Verbände neu ankommende Menschen aus Syrien, Irak und Afghanistan in unsere Gesellschaft integrieren, wenn viele ihrer Repräsentanten und Mitglieder mit den freiheitlichen Werten unseres Grundgesetzes selbst Probleme haben, weil sie mit ihrem konservativen Verständnis einer frommen Lebensführung unvereinbar sind? Wenn muslimische Verbände sich um Flüchtlinge kümmern, dann tun sie das unter dem Banner der Religion.

Diese Erkenntnis setzt sich langsam auch in der Politik durch. Derzeit diskutiert man in Nordrhein-Westfalen darüber, welche Rolle die vier etablierten Islamverbände bei der Organisation des muslimischen Religionsunterrichts spielen sollen. Grundsätzlich sind sich alle einig: Islamischer Religionsunterricht an Schulen ist sinnvoll. In der Schule kann sichergestellt werden, dass sich der Unterricht für muslimische Kinder an zentralen Werten wie Menschenwürde, Grundrechte, Gewaltenteilung, Demokratie und Rechtsstaatlichkeit orientiert. Die grünen Bundestagsabgeordneten Volker Beck und Cem Özdemir haben das vor Kurzem auf den Punkt gebracht: »Niemand kann Interesse haben, dass die Vermittlung der islamischen Religion nur an Koranschulen in Hinterhöfen, jeder Schulaufsicht entzogen, stattfindet.«

Der Politik fehlen aber die Ansprechpartner. Selbst bei den Grünen, die traditionell migrantenfreundlich sind,

sind viele der Meinung, dass die großen Verbände religiöse Vereine sind und keine Religionsgemeinschaften wie die christlichen Kirchen. »Die Vereins- und Verbändelandschaft ist weniger von religiösen Identitäten geprägt, sondern vielmehr von politischen, sprachlichen und ethnischen Differenzen aus den Herkunftsländern der Eltern oder Großeltern der heutigen Muslime in Deutschland«, schreiben Beck und Özdemir in ihrem Positionspapier. Am deutlichsten ist der politische Charakter beim größten muslimischen Verband, der Türkisch-Islamischen Union der Anstalt für Religion (DITIB), sichtbar. Die DITIB ist personell wie organisatorisch abhängig von der Diyanet İşleri Başkanlığı, dem Präsidium für Religionsangelegenheiten in Ankara. Seine Mitglieder sind vor allem Gläubige türkischer Herkunft, die weniger ein Bekenntnis eint als vielmehr ihre Herkunft. Das zeigt sich unter anderem daran, dass die DITIB auch die Aleviten vertreten will, obwohl diese von vielen Sunniten und Schiiten gar nicht als Muslime anerkannt werden.

Beck und Özdemir wenden sich deswegen gegen eine Anerkennung der Verbände als Religionsgesellschaften. Wenn man zuließe, dass politische oder sprachlich-kulturelle Identitäten für die Herausbildung von Vereinen von Gläubigen entscheidender seien als Glaubensvorstellungen, rede man einer Politisierung von Religion das Wort, warnen die beiden Grünen. Das könne weder eine freiheitliche Gesellschaft noch ein weltanschaulich neutraler Staat wollen. Eine Anerkennung etwa der DITIB würde außerdem bedeuten, dass der türkische Staat über diesen Verband öffentliches Recht in Deutschland ausübt.

Die Frage, inwiefern der Islam mit den westlichen Werten vereinbar ist, wird seit Jahrhunderten diskutiert, und verschiedene muslimische Schulen und Denktraditionen haben diese Frage unterschiedlich beantwortet. In Europa hat sich der säkulare Staat nach langen, heftigen Auseinandersetzungen mit den Wahrheitsansprüchen der christlichen Kirchen, speziell der katholischen, durchgesetzt. In Bezug auf den Koran aber streiten die Gläubigen noch heute darüber, ob er Gottes Wort oder Menschenwort ist. Der Ausgang dieser Diskussion ist offen. Aber warum muss ich mich in meiner Lebenswirklichkeit in Deutschland damit auseinandersetzen? Wir haben den Säkularisierungsprozess durchlaufen, hier gilt Menschenwort, nicht Gottes Wort, und dafür sollten wir auch kämpfen. Wir müssen gemeinsam mit den Muslimen diskutieren, wie der Islam zu Deutschland gehören kann. Dass das nicht der Islam sein kann, wie er in den Ursprungsländern verstanden wird, ist selbsterklärend. Für unser Zusammenleben ist nur ein Buch von Belang: das Grundgesetz.

Für viele gläubige Muslime ist es schwer, ihren Glauben mit dem Leben in einer säkularen westlichen Gesellschaft in Einklang zu bringen. Sie sind mit dem Koran aufgewachsen, und der Einfluss dieses Buches auf den Alltag vieler Muslime sollte nicht unterschätzt werden. Selbst die liberalen muslimischen Theologen haben innere Kämpfe auszufechten. Es ist wichtig, uns das bewusst zu machen. Für die meisten von uns ist es selbstverständlich, nicht mit Gott verhandeln zu müssen, wenn wir Entscheidungen treffen. Wenn ich aber als Jounalistin versuche, streng gläubige

Muslime zu bewegen, vor die Kamera zu treten, muss ich drei Verhandlungspartner gleichzeitig überzeugen: die Person selbst, ihre Familie und Allah. Für einen Film über Islamfeindlichkeit suchte ich nach passenden Gesprächspartnern. Eine fromme Muslima, die ich fragte, ob ich sie interviewen dürfe, sagte mir: »Ich muss heute noch mit Allah und mit meiner Familie sprechen. Ich melde mich morgen.« Ihre Frömmigkeit hat mich beeindruckt. Am nächsten Tag sagte sie zu, mir, einer Jesidin, ein Interview zu diesem Thema zu geben. Sie hat auf ihre Intuition gehört und auf mich als Menschen vertraut. Das fand ich mutig. Aus dieser Begegnung ist ein Beitrag entstanden, der als gelungenes Beispiel für gegenseitiges Vertrauen gelten kann.

Als der damalige Bundespräsident Christian Wulff den Satz sagte, der Islam gehöre zu Deutschland, versuchte er ein jahrzehntelanges Versäumnis gutzumachen. Das Staatsoberhaupt wollte deutlich machen, dass man vor der Wirklichkeit nicht die Augen verschließen kann. Viele Jahre hatte die Union die Realität der Einwanderungsgesellschaft geleugnet und am alten, dem Abstammungsprinzip verpflichteten Staatsbürgerrecht festgehalten. Nach dem Gesetz galten die Gastarbeiter und ihre hier geborenen Kinder und Enkel noch als Gäste, obwohl längst klar war, dass sie zu einem Teil der deutschen Gesellschaft geworden waren. Erst die Reform der rot-grünen Regierung im Jahr 2000 ermöglichte einer größeren Zahl von in Deutschland geborenen Menschen mit ausländischen Eltern den Erwerb der deutschen Staatsbürgerschaft. Auch deswegen gibt es heute zu wenig Integrationslotsen: Die »erste« Integration ist gescheitert, für die Gastarbeiter war kein Platz in der Gesellschaft vorgesehen. Jahrzehnte zu spät akzeptierte die Politik, dass Deutschland ein Einwanderungsland ist.

Diese Anerkennung war überfällig. Der Satz Christian Wulffs entsprang einem richtigen Impuls. Doch ich finde nicht, dass er in dieser pauschalen Formulierung richtig ist. Man sollte hier sehr genau differenzieren, denn *den* Islam gibt es nicht. Wenn der Islam zu Deutschland gehören soll, dann müssen wir definieren, welcher Islam das sein soll. Es besteht kein Dissens darüber, dass die hier lebenden Muslime zu Deutschland gehören, insbesondere wenn sie deutsche Staatsbürger sind. Für manche Muslime ist der Islam aber ein politisches Projekt, und es gibt konservative Lesarten des Islam, die sich nicht mit unseren Grundrechten vereinbaren lassen. Auch viele liberale Muslime weigern sich, einen solchen Islam als Teil der deutschen Gesellschaft zu betrachten. Sie versuchen stattdessen einen liberalen, pluralistischen Islam zu definieren, der seine Texte nicht als unantastbare Offenbarung ansieht, sondern als durch Menschenwort vermittelt und historisch bedingt.

Jeder darf fromm leben, aber seine Frömmigkeit darf nicht mit unserem Rechtsstaat kollidieren. Es ist nachvollziehbar, dass die Deutschen aufgrund der Erfahrungen mit dem Nationalsozialismus sehr empfindlich darauf reagieren, wenn Angehörige einer Religionsgemeinschaft unter Generalverdacht gestellt werden. Das bedeutet aber nicht, dass wir keine Diskussionen über problematische Einstellungen und Wertvorstellungen unter Anhängern eines konservativen Islamverständnisses führen sollten. Manchmal habe ich das Gefühl, dass Menschen mit Migrationshintergrund eher bereit sind, sich zu dieser Frage zu äußern, weil sie wissen, was es heißt, unter der Dominanz einer sich als politisch verstehenden Religion leben zu müssen. Gerade weil sie Unterdrückung erfahren haben, sind sie kompromissloser als viele Deutsche. Gegenwärtig müssen Menschen, die sich öffentlich kritisch mit dem Islam auseinandersetzen, von der Polizei beschützt werden und sich jeden Tag anhören, wie mutig sie sind. Ich will aber nicht hören, dass jemand mutig ist, nur weil er in einem demokratischen Land offen seine Meinung sagt und die Einhaltung der bestehenden Gesetze fordert. Bei meiner Arbeit als Reporterin ist es mir passiert, dass mir muslimische Männer ins Gesicht sagten: »Du bist eine Frau, mit dir rede ich nicht. Dir gebe ich nicht die Hand.« Oder ich wurde gefragt: »Betest du?« Das war die Voraussetzung, um mit mir zu sprechen, mir ein Interview zu geben. Was soll man darauf antworten?

Ein Beispiel für eine notwendige Diskussion ist die Debatte über das Kopftuch. Die Frauen, die auf ihr Recht klagen, als Beamtin ein Kopftuch zu tragen, benutzen das Kopftuch als politisches Symbol. Und eben weil das Kopftuch nicht nur eine Kopfbedeckung, sondern ein politisches Symbol ist, hat es meiner Meinung nach in der Schule oder bei Gericht nichts verloren. In dieser Frage vertrete ich eine eindeutige Position, weil ich mich schon als Schülerin damit auseinandersetzen musste, dass meine Lebensweise unter Verweis auf religiöse Gebote der Sittlichkeit als moralisch verwerflich kritisiert wurde. Es sind oft gebildete Frauen, die vor Gericht den Kampf für das Kopftuch führen, aber aus meiner Sicht betreiben sie Lobbyarbeit für eine sehr konservative, mitunter auch islamistische Auffassung von Religion. Das Kopftuch ist kein Problem für die Frauen, die es tragen. Es bleibt jedem selbst überlassen, wie er sich kleidet und ob er das aus modischen oder religiösen Gründen tut. Das Problem des Kopftuchs im öffentlichen Raum besteht darin, wie Frauen gesehen werden, die keines tragen. Ich kann daher die skeptische Haltung vieler Deutscher verstehen, die Forderungen nach mehr Sichtbarkeit der Religion im öffentlichen Leben nicht nachvollziehen können.

Umgekehrt sollten wir alle als Bürger dieses Landes endlich damit aufhören, muslimische Einwanderer und ihre Nachkommen in erster Linie als Muslime zu betrachten. Mit diesem Blick reduzieren wir sehr unterschiedliche, individuelle Menschen auf ihre Religionszugehörigkeit, auf ihre tatsächliche oder angebliche »Kultur«. Es gibt immer mehr Muslime, die das Recht einfordern, als Bürger und Individuum und nicht als Angehöriger einer fremden Kultur angesprochen zu werden, daraus aber auch eine Verpflichtung ableiten. »Erst ist man Staatsbürger und Nutznießer wie Verteidiger demokratischer Rechte. Dann erst kommt die Religion. Anders gesagt: Wenn man sich für Integration und gegen Multikulti entschieden hat, muss man zuallererst seine Pflichten als Bürger wahrnehmen und Werte wie Menschenrechte und Demokratie verteidigen. Erst an zweiter Stelle kommt die ethnische und religiöse

Identität. Muslime und Nicht-Muslime in diesem Land, die sich als Demokraten bezeichnen, haben die Pflicht, unsere Demokratie zu schützen«, fordert etwa die Journalistin Cigdem Toprak. »Muslime dürfen sich nicht nur auf ihre religiöse Identität reduzieren und ihren Glauben gar über ihre Rechte und Pflichten als Bürger einer Demokratie stellen. Das ist leider die deutsche Krankheit, und daher halte ich auch das Gerede vom europäischen Islam für fadenscheinig, wenn es diese Hierarchie nicht akzeptiert: zuerst Bürger, dann Muslim.«

Wir müssen genau unterscheiden zwischen sozialen Problemen, zu denen man die Betroffenen hören muss, und religiösen Behauptungen. Bei der Auseinandersetzung um konkrete Probleme im Zusammenleben, bei Konflikten im Großen wie im Kleinen, sollten wir uns auf das Grundgesetz stützen. Religiöse Begründungen dürfen bei gesellschaftlichen Auseinandersetzungen keine Rolle spielen, sie gehören in den Bereich privater Überzeugungen. Ich weiß, dass diese Unterscheidung im Einzelnen schwierig ist. Aber Akzeptanz von Migranten und Sensibilität für kulturelle Unterschiede heißt nicht, dass wir Religion noch stärker institutionalisieren müssen. Das ist eine falsch verstandene Akzeptanz.

In Deutschland kam es 2011 zu einem sogenannten Ehrenmord. Ein jesidischer Vater hatte seine Tochter getötet. Ich fühlte mich als Jesidin angesprochen. Ich hatte das Gefühl, diese Geschichte muss erzählt, das Problem muss benannt werden. Ich habe daher einen Film darüber gemacht. Wenn der »Islamische Staat« im Namen des Islam so viele unschuldige Menschen tötet und dieses Töten mit Stellen aus dem Koran legitimiert, dann sollten auch die Muslime aufstehen, weil es ihre Religion ist, die da vergewaltigt wird. Wenn sie schweigen, entstehen Vorurteile. Mein Appell an die Muslime lautet daher: Hinterfragt eure Werte! Das ist notwendig in einer Zeit, in der der Islam durch den »Islamischen Staat« so schwer beschädigt wird. Kommt endlich aus der Deckung heraus, zeigt euch! Wenn ich mit euch sprechen kann, geht es mir besser. Aber wenn ihr euch nicht mitteilt, dann entsteht das ungute Gefühl, dass ihr Sympathisanten seid. Wir alle wissen, dass das ein Vorurteil ist. Mich stören die deutschen Stammtischparolen gegen den Islam sehr. Viele Muslime tragen jedoch eine Mitverantwortung für das Aufkommen von Vorurteilen, weil sie schweigen, wenn im Namen ihrer Religion gemordet wird.

Auf der anderen Seite

Mein Vater, die Deutschen, das Grundgesetz – das war immer eins. Mein Vater hatte in Deutschland seine Heimat gefunden. Von ihm hörten wir oft: »Seid dankbar, dass ihr hier sein dürft! Verteidigt die Werte dieser Gesellschaft! Wenn jemand die Deutschen schlecht macht, dann steht auf!«

Mein Vater ist ein Patriot aus Überzeugung, weil er Deutschland so viel zu verdanken hat – im übertragenen Sinn sogar sein Leben. Das klingt pathetisch, ist aber deswegen nicht weniger richtig. In Deutschland konnte sich mein Vater als freier Mensch fühlen, und eben dafür verspürt er Dankbarkeit. Es gab in unserer Familie nie die Vorstellung, dass wir eines Tages zurückgehen könnten. Es gab schlicht keinen Ort, an den wir hätten zurückkehren können. Das ist auch der Grund, warum sich so viele Jesiden in Deutschland Häuser bauten, statt eine Wohnung zu mieten. Sie wussten, es gibt kein Zurück. Anders ihre türkischen Nachbarn, die meist in beengten Verhältnissen ausharrten und ihr Geld sparten. Sie waren sich sicher: Eines Tages kehren wir zurück. Mit dieser Haltung verstärkten die türkischen Zuwanderer eine weitverbreitete Überzeugung in der deutschen Politik; auch sie hielt viel zu lange an dem Glauben fest, es handle sich um eine Übergangssituation. Inzwischen wissen wir: Die meisten Gastarbeiter gingen nicht wieder, sondern blieben. Ihren Kindern aber erschwerte das jahrzehntelange Leugnen der Wirklichkeit die Integration.

Mein Vater war anders. Er identifizierte sich so stark mit Deutschland, dass er die Initiative ergriff und sich um die deutsche Staatsbürgerschaft bewarb. Damals war das noch ein langwieriger Prozess, es galt das alte Abstammungsrecht: Deutsche waren nicht die im Land Geborenen, Deutsche waren nur die Kinder von Deutschen. Obwohl es mit einem großen bürokratischen Aufwand verbunden war und starkes Beharrungsvermögen verlangte, durchlief mein Vater alle Stufen der Einbürgerung mit Erfolg. Dann kam der Tag, an dem ihm die Einbürgerungsurkunde verliehen werden sollte. Für meinen Vater war das ein Grund zum Feiern, weshalb er uns Kinder mitnahm. Ich kann mich noch genau erinnern; es war das erste Mal, dass ich eine deutsche Behörde besuchte. Als mein Vater die Urkunde in der Hand hielt, sagte er sichtlich stolz und mit einem Lächeln im Gesicht: »Jetzt sind wir Deutsche.« Die zuständige Beamtin aber widersprach kühl: »Nein, das sind Sie nicht.« Damals war ich ungefähr sieben Jahre alt und dachte: »Und wie wir das sind! Das werde ich dir eines Tages beweisen.«

Diese Erfahrung der Zurückweisung ist tief in mir verankert. In diesem Moment begriff ich, dass ich etwas verteidigen musste. Meine Werte, meine Eltern und vielleicht sogar diese Beamtin, die uns so ablehnend gegenübertrat. Ich verstand, dass ich dieselben Werte hatte wie sie – nur mit dem Unterschied, dass ich sie ihr nicht absprach. Trotzig dachte ich: Ich war vorher schon Deutsche, jetzt bin ich es amtlich, jetzt bin ich es erst recht. Ob dir das passt oder nicht. Die Empörung verlieh mir Kraft. Solche Art deutscher Ignoranz ist mir später noch oft begegnet, dagegen habe ich mich immer gewehrt.

Mein Vater reagierte in dem Moment freundlich wie immer. Die Bemerkung der Beamtin hatte ihn getroffen, aber er ließ sich nichts anmerken. Kinder haben oft einen sehr ausgeprägten Gerechtigkeitssinn, und ich hatte in diesem Moment das starke Gefühl, mein Vater hätte sich gegen diese Beleidigung wehren müssen. Aber er sagte nur: »Egal.« Das sagt er meist, wenn Leute sich nicht so benehmen, wie sie sollten: »Egal, sie wissen es nicht besser.« Inzwischen sehe ich seine stoische Gelassenheit als Stärke. Was auch immer meinem Vater widerfährt: Er lässt sich nicht aus der Ruhe bringen. Er sieht das Gute in jeder Situation, das Schlechte lässt er nicht an sich herankommen.

Ein anderes Mal mussten meine Eltern gemeinsam eine Behörde aufsuchen, meine Mutter war hochschwanger. Doch niemand fühlte sich für die beiden zuständig. Man schickte sie von einem Büro ins nächste. Keiner machte sich die Mühe, sie auch nur anzuhören. Es dauerte lange, bis sie ihr Anliegen vorbringen konnten. Da regte sich sogar mein sonst so gelassener Vater auf und beschwerte sich bei der nächsthöheren Stelle. Zu seiner Genugtuung wurde der Leiter der Behörde daraufhin ermahnt. Für meinen Vater war damit einmal mehr der Beweis erbracht, dass Deutschland ein demokratisches Land ist, das die

Rechte seiner Bürger garantiert. Der Einzelne ist keinem anonymen Verwaltungsapparat oder der Willkür der Mächtigen ausgeliefert, sondern kann sich darauf verlassen, dass der Rechtsstaat funktioniert.

Die frustrierende Erfahrung der Zurückweisung, die ich am Tag der Einbürgerung meines Vaters machen musste, hat mich lange beschäftigt. Als ich später fürs Fernsehen einen Beitrag über Paralleljustiz in Berlin drehte, musste ich wieder an die Beamtin und ihr schneidendes »Nein« denken. In dem Film sagt einer der Jugendlichen aus Neukölln: »Vor dem Friedensrichter habe ich Respekt, ich finde das gut, was der macht. Aber vor der deutschen Polizei habe ich keinen Respekt.« Damit steht er nicht allein: Im besten Fall werden von diesen Jugendlichen zwar keine Gesetze gebrochen, aber allerorten beklagt man ihr aggressives Verhalten. Sicher mag in dem einen oder anderen Fall mangelnde Erziehung das Gebaren der jungen Männer begünstigen. Aber oft entwickelt es sich auch aus der Erfahrung der Ausgrenzung und der Ablehnung.

Mein Beitrag handelte von einem arabischen Friedensrichter, der in einer Neuköllner Community Streit schlichtet. Der Blick hinter die Kulissen zeigt, warum so viele Migranten lieber den Friedensrichter ansprechen, als die Polizei zu rufen: Er ist schnell da, wenn er gerufen wird, und meist formuliert er zügig einen Kompromissvorschlag. Er verhandelt so lange mit den streitenden Parteien, bis es zu einer tragfähigen Lösung für alle kommt. In der Community ist der Friedensrichter akzeptiert. In Fällen schwerer Kriminalität begleitet er die Opfer zur Polizei. Das macht ihn einerseits zur Zielscheibe von Kriminellen, die aus naheliegenden Gründen mit seiner Tätigkeit nicht immer einverstanden sind. Der Bruder des im Film gezeigten Friedensrichters etwa ist von Mitgliedern einer kriminellen Gang erschossen worden. Andererseits ist der Friedensrichter den Behörden suspekt, weil sie das selbstständige Lösen von Konflikten als Ausbreitung der Anarchie betrachten. Richtig ist, dass durch die Tätigkeit der Friedensrichter Parallelstrukturen entstanden sind, die den Rechtsstaat als solchen infrage stellen, wenn es nicht mehr um kleine Nachbarschaftsstreitigkeiten, sondern um Straftaten geht. Es kommt vor, dass Opfer und Täter vor Gericht einmütig bekunden, es gebe gar nichts mehr zu verhandeln, weil man sich bereits geeinigt habe. Das kann und darf der Rechtsstaat nicht dulden. Wenn Gesetze gebrochen, Straftaten begangen, unsere Werte mit Füßen getreten werden, müssen Sanktionen verhängt werden.

Zu Recht wird von der Gewerkschaft der Polizei beklagt, dass es heute zu wenig Respekt vor den Beamten gibt. Tatsächlich mangelt es auch vielen jungen Migranten daran. Respekt ist aber in beide Richtungen notwendig. Ich habe als Reporterin über die Jahre hinweg festgestellt, dass Behördenvertreter, Lehrer und Polizisten diesen Kindern und Jugendlichen zu selten auf Augenhöhe begegnen, sie zeigen zu wenig menschliches Interesse. Dann mündet ein kleiner Konflikt schnell in einer Spirale gegenseitiger Provokation.

Nachdem ich den Intensivtäter Ahmed durch die Straßen von Bad Godesberg begleitet hatte, erfuhr ich eines

Tages, dass er per Haftbefehl gesucht wird. Ich sagte ihm das, und er willigte ein, sich zu stellen. Doch er machte zur Bedingung, von einem bestimmten Polizisten verhaftet zu werden. Dieser Polizist war nicht als besonders weich oder nachgiebig bekannt, sondern galt als hart, aber gerecht. Die Polizisten, die ihre Arbeit am besten erfüllen, sind zugleich diejenigen, die auf der Straße am beliebtesten sind. Das mag auf den ersten Blick widersinnig klingen. Aber hier zeigt sich einmal mehr: Wer sein Gegenüber wahrnimmt, wird auch ernst genommen. Diese Polizisten sind bei jugendlichen Tätern zwar gefürchtet, sie werden aber auch respektiert und erreichen deshalb oft mehr.

Auch die Friedensrichter beklagen, es gehe in den Gefängnissen zu wie auf dem Ponyhof, die Sanktionen gegenüber Jugendlichen seien zu weich. Das ist ein weiterer Grund, weshalb sich viele Migranten an die Friedensrichter wenden. Die Urteile deutscher Gerichte und die Gefängnispraxis empfinden sie als zu lax. Der Friedensrichter, den ich in Berlin-Neukölln porträtierte, verhängte zum Teil empfindlichere Strafen als die deutsche Justiz. Die Sanktionen wurden interessanterweise von den Jugendlichen widerspruchslos akzeptiert, was man von den oft milder ausfallenden Gerichtsurteilen nicht behaupten kann. Im Zweifelsfall macht der Friedensrichter also die bessere Sozialarbeit. Er kennt seine Pappenheimer und weiß, mit wem er es zu tun hat.

Ich hätte meinen Beitrag über den Neuköllner Friedensrichter schärfer formulieren und zuspitzen können. Ich hätte darauf abzielen können, dass sich die Friedensrichter und die Leute, die sich an ihn wenden, falsch verhalten. Ich hätte die Bedrohung durch Parallelstrukturen herausarbeiten und es dabei belassen können. Das wäre aus meiner Sicht aber der falsche Schluss: Es gibt eine große Kluft zwischen den Behörden und manchen Nachbarschaften in Neukölln. Wenn es diese Lücke nicht geben würde, könnte der Friedensrichter sie nicht füllen. Am Ende des Beitrags wünscht sich der Friedensrichter in Neukölln einen Wagen mit Blaulicht. Nicht weil er die Polizei ersetzen will, sondern weil er eine Arbeit macht, die nicht von einem Privatmann, sondern von der Polizei erledigt werden muss. Die klügste Lösung wäre, den Friedensrichter nicht als Parallelstruktur zu bekämpfen, sondern ihn in das bestehende System zu integrieren.

Das ist auch der Grund, warum wir noch viel mehr Polizisten mit Migrationshintergrund brauchen. Solche Polizisten werden von jungen Männern gern mit »Hey, Bruder« angesprochen, oder gefragt: »Bist du mein Bruder, oder bist du mein Feind?« Die Polizisten müssen dann erklären: »Nein, ich bin nicht dein Bruder. Ich bin Polizist, und ich vertrete das Gesetz.« Ein Polizist hat mir erzählt, dass in seinem Bereich nahezu täglich Anzeigen wegen angeblicher rassistischer Übergriffe von Polizisten erstattet werden. Dass es auch unter Polizisten Rassismus gibt, ist bekannt. Zur Wahrheit gehört aber auch, dass nicht wenige jugendliche Straftäter auf dem Rassismus-Ticket reisen, um sich taktische Vorteile zu verschaffen. Mehr Polizisten mit Migrationshintergrund sind aber auch noch aus einem anderen Grund wichtig: Sie machen deutlich, dass Migranten und ihre Kinder nicht nur als Sprechstundenhilfe oder Bäcker einen Platz in dieser Gesellschaft haben, sondern auch als Beamte, die diesen Staat repräsentieren und verteidigen.

Integration heißt für mich nicht, die Gesetze dieses Landes zu achten, weil man sich nicht straffällig machen will, sondern weil man sie verinnerlicht hat. Alles andere bedeutet lediglich zu erdulden, was man zu erdulden gezwungen ist. Gelungene Integration entspringt zuallererst einem Gefühl, dem Bewusstsein eines »Wir«, dem man sich zugehörig fühlt.

Gelungene Integration hat viel mit Emotionen zu tun. Wir sprechen in diesem Zusammenhang zu wenig über Gefühle: Sowohl die Erfahrung der Zugehörigkeit als auch die Erfahrung des Abgelehntwerdens und der Enttäuschung vermitteln sich über Emotionen. Wenn ich das Gefühl habe, nicht dazuzugehören, sondern abgelehnt zu werden, dann resigniere ich oder, im schlimmsten Fall, radikalisiere mich. Wir brauchen ein gesellschaftliches Bewusstsein, ein gemeinsames »Wir«, das alle einschließt.

Integration ist aber keine Einbahnstraße. Nicht nur die Migranten müssen sich integrieren, sondern auch die Mehrheitsgesellschaft. Ich halte es für ein Problem, wenn in Deutschland viele, die Integration fordern, in Wahrheit Assimilation meinen. Und selbst Assimilation reicht manchen noch nicht: Deutsche sind nach ihrer Definition nur diejenigen, die deutsche Großeltern haben. Integration ist aber nicht möglich, wenn Migranten und noch ihren Kindern und Kindeskindern abgesprochen wird, jemals deutsch sein zu können. Auch Neonazis und Rassisten, auch die Propagandisten angeblich unüberwindbarer kultureller Differenzen haben in einer pluralistischen, demokratischen Gesellschaft ein Integrationsproblem.

Für einen Fernsehbeitrag hatte ich Kontakt zu Frauen aus der rechtsradikalen Szene. »Was macht Sie deutscher als mich?«, wollte ich von ihnen wissen. Auf diese Frage hatten sie keine Antwort. In Mecklenburg-Vorpommern fragte man mich: »Sie interviewen uns jetzt? Haben Sie das gelernt?« Vielen Urdeutschen unterstelle ich, dass sie immer noch nicht verstanden haben, dass Deutschsein viele Gesichter hat und dass sie das Deutschsein nicht gepachtet haben. Ein ehemaliger Vorgesetzter fragte mich einmal: »Kennen Sie die preußischen Tugenden nicht?« Er wollte mich auf etwas vermeintlich Deutsches verpflichten. Ich antwortete ihm: »Nein, die preußischen Tugenden kenne ich nicht. Aber kennen Sie die kurdischen Tugenden? Dass man sich hierherschleppt, obwohl man krank ist, dass man schon um acht da ist, obwohl man erst um zehn kommen muss, dass man keine Überstunden in Rechnung stellt. Das sind kurdische Tugenden.«

Die Kontakthypothese besagt, dass häufiger Kontakt zu Mitgliedern anderer Gruppen die Vorurteile gegenüber diesen Gruppen reduziert. Deswegen sind die Vorurteile gegenüber Migranten dort am höchsten, wo es kaum Migranten gibt. In Dresden, der Pegida-Hochburg, gibt es einen Ausländeranteil von 0,1 Prozent.

Pegida ist das Dunkel-Deutschland, das mir Angst macht. Als bei einer Pegida-Demonstration Galgen für Angela Merkel und Sigmar Gabriel herumgetragen wurden, als ein wütender Mob in Heidenau die Bundeskanzlerin beschimpfte, war ich fassungslos: Ist diesen »besorgten Bürgern« klar, was die Alternative zu einer offenen Gesellschaft wie der unseren wäre, oder wünschen sie sich gar ein autoritäres System, in dem Freiheit keinen Platz mehr hat?

Für manche Menschen in Deutschland ist es jetzt schon gefährlich, sogar tödlich, wenn Rechtsextreme das Zepter in die Hand nehmen. Wo der rechtsextremistische Terror regiert, wird die »richtige« Herkunft zur Existenzberechtigung. Als der NSU endlich aufgedeckt und seine Mordserie bekannt wurde, zog es mir den Boden unter den Füßen weg. Eine rechtsextreme Terrororganisation tötet über Jahre hinweg Menschen – und niemand will es bemerkt haben. Gemessen an dem, was da passiert ist, findet zu wenig öffentliche Aufarbeitung statt. Der thüringische Verfassungsschutz hat das Unterstützerumfeld des NSU, den »Thüringer Heimatschutz«, viele Jahre lang über V-Leute mit viel Geld versorgt. Das heißt, der Staat hat das Netzwerk mitfinanziert, mit dem die NSU-Terroristen verknüpft waren und das ihre Verbrechen im Untergrund ermöglicht hat.

Die Verantwortung des Verfassungsschutzes für diesen Skandal ist immer noch nicht ausreichend aufgeklärt. Die Polizei hat die Täter jahrelang unter Migranten vermutet und die Möglichkeit rechtsextremistischen Terrors kategorisch ausgeschlossen. Es waren ja auch nur Türken, Kurden und Griechen, die da umgekommen sind. Damit muss sich die Mehrheitsgesellschaft auseinandersetzen. Wir schauen als Gesellschaft aber weg, weil wir es nicht wahrhaben wollen, weil es unsere Grundwerte infrage stellt.

Die Angehörigen der NSU-Opfer, die ihre Väter und Ehemänner auf so grausame Weise verloren haben, sind traumatisiert nicht nur durch die Taten selbst, sondern auch dadurch, dass sie als Opfer von der Polizei jahrelang wie potenzielle Mittäter behandelt worden sind. Viele von ihnen haben deswegen abgeschlossen mit Deutschland. Einige haben das Land inzwischen verlassen, weil sie mit diesem Schmerz nicht zurechtkommen. Der kurdische Dönerverkäufer, der aus einer Laune heraus umgebracht wird, auch das ist Deutschland, und damit muss sich Deutschland auseinandersetzen. Eine Geste ist da nicht genug. Die mutmaßliche NSU-Terroristin Beate Zschäpe muss sich in München vor Gericht verantworten, aber der Terror geht auch ohne sie weiter.

Vergangenes Jahr verging kein Tag, ohne dass in Deutschland eine Flüchtlingsunterkunft angegriffen wurde. Laut der »Chronik flüchtlingsfeindlicher Vorfälle«, die von der Amadeu Antonio Stiftung und Pro Asyl zusammengestellt wird, gab es im vergangenen Jahr 743 Angriffe auf Flüchtlingsunterkünfte, davon waren 131 Brandanschläge. 267 Menschen wurden Opfer einer Körperverletzung. Das Bundeskriminalamt zählte sogar 1027 Angriffe auf Flüchtlingsunterkünfte im Jahr 2015. Die Zahlen sind erschreckend hoch, aber sie bleiben abstrakt, wenn man nicht sieht, was sich hinter ihnen verbirgt.

Sieht man sich die »Chronik flüchtlingsfeindlicher Vorfälle« an, erkennt man ein hohes Maß an Brutalität, die sich zum Teil sogar gegen Kinder richtet. Im sächsischen Wurzen etwa wurden am 9. Dezember 2015 fünf geflüchtete Kinder von einer Gruppe von Achtklässlern angegriffen. Sie wurden bespuckt, mit Steinen beworfen, geschubst und in einer Tür eingeklemmt. Ein neunjähriges Mädchen erlitt eine Knochenabsplitterung im rechten Arm. Sie und ein weiteres Mädchen mussten vom Notarzt behandelt werden. Die Schülerinnen und Schüler der Klasse »Deutsch als Zweitsprache« wurden über Wochen hinweg von anderen Schülern der Pestalozzi-Oberschule beleidigt, bedroht und angegriffen.

Solche Vorkommnisse sind heute in Deutschland Alltag. Nur wenn Angriffe auf Flüchtlinge besonders abscheulich sind, werden sie von den Medien verbreitet. So wie der Fall einer im achten Monat schwangeren Asylsuchenden aus Somalia, die am 11. November 2015 im brandenburgischen Bad Belzig angegriffen wurde. Die Täter warfen die Frau zu Boden und traten auf sie ein. Die Polizei meldete später, dass sie gegen zwei Jungen im Alter von 14 und 15 Jahren sowie gegen ein 14-jähriges Mädchen wegen schwerer Körperverletzung ermittele. Man muss sich nur vorstellen, es wäre umgekehrt: Ein paar Flüchtlinge würden eine schwangere deutsche Frau zu Boden treten. Das wäre ein Riesenaufruhr, Panik und Hysterie würden ausbrechen. Die »Chronik flüchtlingsfeindlicher Vorfälle« ist voller derartiger Geschichten, in denen keine organisierten Neonazis als Täter auftreten, sondern auf den ersten Blick ganz normale Jugendliche durch extrem menschenfeindliches Verhalten auffallen.

Wir müssen in Deutschland diese Kälte überwinden, und wir haben mit der Willkommenskultur gezeigt, dass wir das können. Wir müssen aber nicht nur gegenüber dem syrischen Arzt Willkommenskultur an den Tag legen, sondern auch gegenüber den hier geborenen Jugendlichen. Angesichts der demografischen Entwicklung müsste inzwischen jeder verstanden haben, dass es ohne die Kinder der Migranten nicht mehr geht. Wir vergeuden zu viel Potenzial, und das können wir uns als Gesellschaft nicht leisten. Unter Jugendlichen mit Migrationshintergrund schlummern viel Kreativität und viel Energie, die man nur fördern muss. Diejenigen, die nicht der Norm entsprechen, sind oft Menschen, aus denen man viel herausholen kann. Aber gerade sie fallen in unserem System oft heraus. Intelligenz, die man nicht absorbieren kann, und Energie, die man nicht abrufen kann, brechen sich dann irgendwo anders Bahn. Nichts ist gefährlicher als unterdrückte Energie und Intelligenz. Dass die Jungs aus den armen, migrantischen Vierteln unserer Großstädte über beides verfügen, merkt man oft an ihren Straftaten. Denn diese setzen auch Energie und Intelligenz voraus. Die jugendlichen Intensivstraftäter, die ich getroffen habe, hatten immer Energie, sie drehten Videos, machten Hip-Hop. Sie hatten aber das Problem, ihre Kreativität und ihre Ideen nur über Musik und Film ausdrücken zu können, weil sie nicht richtig schreiben konnten.

In Deutschland ist das ein Problem, in anderen Ländern ist man da längst weiter. Ich habe manchmal das Gefühl, dass es nirgendwo so schwierig ist, erfolgreich zu werden, wie in Deutschland. Es gibt fast nichts, für das man keinen Schein bräuchte. Hier geht es oft nicht darum, was jemand kann, sondern darum, welche Fähigkeiten eine Instanz diesem Menschen bescheinigt hat. Wir reden zwar ständig über emotionale und soziale Intelligenz, und uns ist bewusst, wie wichtig diese Fähigkeiten sind. Aber wir müssen diese Erkenntnis auch institutionell umsetzen. Mir fehlt in Deutschland ein Denken, das das große Ganze im Blick hat – und wenn es um Schüler geht, den ganzen Menschen.

Flexibilität ist eine deutsche Tugend, die wir erst als solche definieren müssen. Als Angela Merkel in der Flüchtlingsdebatte das erste Mal von Flexibilität sprach, war das eine Revolution. Flexibilität gilt noch nicht als deutsche Tugend, aber wir müssen sie in unserer Gesellschaft als neuen Wert definieren. Wir können es uns nicht mehr leisten, bloß auf preußischen Tugenden zu beharren, so wichtig sie auch sein mögen. Wir müssen in der Lage sein, uns anzupassen, wenn es wichtig und notwendig ist. Das heißt nicht, einer Laxheit das Wort zu reden oder das Bildungsniveau zu senken. So sehr wir unsere demokratischen Werte gegen Relativismus und Totalitarismus verteidigen müssen, so wichtig im Zusammenleben Werte wie Verlässlichkeit, Verantwortungsbewusstsein sind: Wir müssen dennoch in der Lage sein, auf krisenhafte Situationen pragmatisch zu reagieren. Flexibilität heißt, Gegebenheiten und Situationen lesen zu können. Mich hat die Tugend der Flexibilität weitergebracht als alle anderen. Weil ich flexibel war, konnte ich herkunftsbedingte Defizite wettmachen.

In Deutschland wirst du von der Bürokratie müde gemacht. Sie ist ein wesentliches Integrationshindernis. Auch ich bin beinahe an bürokratischen Details gescheitert, an Notendurchschnitten, die sich nicht für Individualität interessieren. Hinzu kommen dann die Vorurteile. Ich hatte dieselben Noten wie meine deutsche Schulfreundin. Sie bekam die Gymnasial-, ich aber die Realschulempfehlung. Das tat weh. Man nimmt das wahr als Schülerin und als Kind, vor allem wenn man so ehrgeizig ist, wie ich es war. Ich höre oft, dass ich nur Glück gehabt habe wegen der Menschen um mich herum, die mich gefördert haben. Diese Nachbarn, Lehrer, Professoren haben mich diejenige werden lassen, die ich bin. Aber wenn das nur ein Glücksfall wäre, wäre es sehr traurig. Warum bekommen wir es im Alltag nicht hin, dass alle Kinder ihren Fähigkeiten entsprechend gefördert werden? Wir wissen inzwischen, dass sich Lehrer bei der Bewertung ihrer Schüler von deren Aussehen und ihren Namen beeinflussen lassen. Es ist erwiesen, dass in der Schule nicht alle gleich behandelt werden und nicht alle dieselben Chancen bekommen. Wir müssen dieses Problem ernst nehmen. Wir müssen in der Schule auch keine durch und durch assimilierten Kinder produzieren, sondern wir sollten von den Unterschieden profitieren. Deswegen ist es so wichtig, mehr Lehrer mit Migrationshintergrund auszubilden.

Die einzige Ressource, die wir in Deutschland haben, sind die Menschen. Deswegen müssen die Menschen gut ausgebildet werden, egal wo sie herkommen. Es geht nicht mehr ohne die Schwarzköpfe. Sie werden immer bedeutsamer, sie werden immer mehr. Deswegen müssen wir sie für uns gewinnen. Wir müssen sie formen, prägen und beeinflussen. Das heißt nicht, ihnen keine Grenzen zu setzen: Man muss sie an die Hand nehmen. Mit Laisser-faire ist bei diesen jungen Männern wenig zu erreichen. Sie wollen Grenzen austesten. Warum geben wir gerade unsere jungen männlichen Migranten so kampflos auf und überlassen sie den Religiösen und Radikalen? Manche Migranten zerstören ihre Chancen selbst durch negatives Verhalten, was dann bei vielen Deutschen zu einer pauschalen Verurteilung aller führt. Wir dürfen diese Jugendlichen nicht aufgeben. Ich bilde mir nicht ein, dass wir alle erreichen können. Aber selbst denjenigen, die wir nicht überzeugen können, müssen wir uns widmen – wenn es sein muss, auch mit Sanktionen, mit Konsequenz und Härte.

Wir wissen, dass wir genauer hinsehen müssen, um frühzeitig zu erkennen, wo Integration gelingt und wo sie zu scheitern droht. Aber in der Praxis tun wir das nicht. Eben das werfe ich der deutschen Gesellschaft vor: dass es für diese Jugendlichen gar nichts gab, keine Chancen, keine Möglichkeiten und noch nicht einmal Härte. Denn auch eine Sanktion ist eine Antwort, die ein Gefühl bei den Menschen erzeugt: Ich werde wahrgenommen, ich bin nicht egal, ich bin nicht unsichtbar. Diese Menschen dürfen uns nicht egal sein, und fehlende Sanktionen sind auch eine Form der Vernachlässigung. Die Vernachlässigung dieser Jugendlichen ist auch eine Folge des Multikulturalismus, eine Folge falsch verstandener Toleranz.

Das Erbe von Multikulti

Der Moment, als ich begriffen habe, dass Multikulti tot ist, war für mich eine große Enttäuschung. Es war wie eine Liebe, die zu Ende geht. Ich habe mich mit dieser Erkenntnis nicht leicht getan, weil ich aus einem sozialdemokratischen Elternhaus komme und meine Karriere auf rotgrüner Politik basiert.

Seit 27 Jahren ist mein Vater stolzes SPD-Mitglied. Beinahe fast so lange, wie er in Deutschland lebt, trägt mein Vater das Parteibuch der SPD in seiner Jackentasche. Vor vier Jahren wurde er als Ehrenmitglied ausgezeichnet, auch die Anstecknadel trägt er täglich. Nach der Verleihung der Ehrenmitgliedschaft aßen die Genossen gemeinsam Grünkohl mit Bregenwurst. Meine Eltern schickten ein Foto davon an die Whats-App-Gruppe der Familie, ich fand es herrlich.

Ich selbst habe von vielen politischen Initiativen der SPD und der Grünen profitiert. Sie waren es, die sich jahrzehntelang mit der Realität einer Einwanderungsgesellschaft befasst haben, deren Existenz von der Union beharrlich geleugnet wurde. Als Gerhard Schröder Kanzler wurde, knallten bei uns zu Hause die Korken. Wir gingen gemeinsam zur Wahlparty in die Music Hall in Hannover. Ich war noch jung, habe das alles aber noch genau vor Augen. Es war ein emotionaler Moment. Ich war stolz, dabei sein zu dürfen, als nach so langer Zeit wieder ein Sozialdemokrat Kanzler wurde. Schröder war ein Kanzler nach meinem Geschmack. Aus meiner Sicht machte er alles richtig: Er war sozialdemokratisch, verharrte aber nicht in der Theorie. Er war pragmatisch, aber nicht opportunistisch. Er hatte keine Angst davor, Entscheidungen zu treffen, die nicht allen gefielen. Deshalb war er auch nicht der Beliebteste.

Die SPD hatte bei mir einen Extremvorschuss. Wenn ich die Partei heute kritisiere, dann, weil sie es versäumt hat, nicht nur die Generation meiner Eltern, sondern auch uns, die Migrantenkinder, an sich zu binden. So wie mir ergeht es vielen: Meine Generation ist von der SPD enttäuscht, weil sie die Themen, die uns wichtig sind, nicht aufgreift und überhaupt nicht mehr so recht zu fassen ist. Der SPD-Vorsitzende und Bundeswirtschaftsminister Sigmar Gabriel etwa beteiligt sich mal als »Bürger« am Dialog mit Pegida-Anhängern, dann fährt er als Wirtschaftsminister nach Iran und Saudi-Arabien, ohne deutlich zu machen, was es an diesen Ländern zu kritisieren gilt. Wir müssen uns miteinander verständigen, was unsere Werte sind und welche Ziele wir verfolgen. Dann können wir sagen, was uns trennt und was uns eint. Wir dürfen aber nicht auf Positionen beharren, die nichts mehr mit unserer Wirklichkeit zu tun haben.

Vor allem linksliberal eingestellte Deutsche verweisen gern auf unsere Geschichte, die uns kultursensibel gemacht habe. Kultursensibilität aber über die gemeinsamen Werte zu stellen ist falsch und für das Desaster der Multikulti-

Idee mitverantwortlich. Multikulturalismus hat unsere Gesellschaft blind gemacht. Das Problem ist nicht das Multi, sondern der Kulturalismus. Denn was innerhalb der »Kulturen« passiert, hat uns laut der Idee des Multikulturalismus nicht zu interessieren. Alle Demokraten sind sich darüber einig: Eine moderne demokratische Gesellschaft kann gar nicht anders, als die Mannigfaltigkeit von Lebensentwürfen ihrer Mitglieder anzuerkennen. Das bedeutet aber nicht, dass einzelne Kulturen wichtiger wären als individuelle Menschen mit ihren Rechten und Pflichten. Die relativistische Idee des Multikulturalismus interessiert sich aber gar nicht für den Einzelnen, sondern nur für die »Kulturen«. Das Individuum ist keine einzigartige Person mehr, sondern nur noch Angehöriger einer Kultur. Mit dieser wird er identifiziert, ob er will oder nicht, und mit »seiner Kultur« wird er dann allein gelassen. Nicht die Gleichbehandlung einzelner Menschen soll laut dieser Idee garantiert werden, sondern die Gleichbehandlung der Kulturen, woraus sich dann eine Pflicht zur Sensibilität gegenüber kulturspezifischen Eigenheiten ableitet.

Solche Sensibilität ist in einer Einwanderungsgesellschaft in der Tat vonnöten. Es ist richtig, erst einmal anzuerkennen, dass Menschen zu uns kommen und Teil unserer Gesellschaft sind, die andere Traditionen haben, die vielleicht nicht christlich geprägt sind. Aber mir fehlt dabei der Blick auf die andere Seite. Diese Anerkennung darf nicht dazu führen, dass religiöse Dogmen und mit Traditionen begründete Verhaltensweisen für schützenswerter angesehen werden als die individuellen Rechte

Einzelner und die demokratische Ordnung als Ganzes. Der ehrliche Dialog zwischen uns und den anderen, der Versuch, einen Konsens zu finden, hat nie stattgefunden. Wer einen Konsens finden will, muss sich auch mit dem anderen und seinen Positionen auseinandersetzen. Der Multikulturalismus hat diese Auseinandersetzung nicht vorgesehen. Die sich als multikulturell verstehende Gesellschaft verschaffte sich durch ihre Toleranz das gute Gefühl, nobel und aufgeklärt zu handeln. In Wirklichkeit bedeutete diese Toleranz oftmals, Menschen eine Auseinandersetzung zu verweigern. Man wollte sie und ihre Probleme nicht wahrnehmen.

Es mag manchen überraschen, dass ich so harte Aussagen treffe, obwohl ich aus einem sozialdemokratischen Elternhaus komme. Aber nicht ich bin der Grund für diesen Perspektivenwechsel, das gesellschaftliche Klima hat sich verändert. Das Deutschland, das mir heute begegnet, ist nicht mehr das Deutschland, das ich kenne. Das Deutschland, das ich kenne, ist bedroht. Das Deutschland, das ich gern behalten würde, kann nur weiterexistieren, wenn wir bestimmte Herausforderungen annehmen. Wir müssen uns bewusst werden, dass wir nicht mehr so weitermachen können wie bisher, weil sich die Umstände geändert haben.

Chancengleichheit ist eine Idee, die nicht überholt ist, sondern immer wichtiger wird. Das Gebot der Chancengleichheit hat einzelne Menschen im Blick. Es geht gerade darum, dass jeder und jede dieselben Möglichkeiten im Leben hat, unabhängig von ihrer Herkunft, ihrer Hautfarbe oder ihrem Geschlecht, unabhängig von ihrer Religion, aber auch vom Bankguthaben ihrer Eltern. Dass das heute in Deutschland weniger der Fall ist als noch vor vierzig Jahren, ist ein großes Problem. Die Herkunft eines Menschen entscheidet heute stark über seine Chancen in dieser Gesellschaft. Wenn deine Eltern nicht wohlhabend sind, hast du weniger Chancen als andere. Wenn deine Eltern Einwanderer sind, hast du noch weniger. Wenn deine Eltern nicht studiert haben, wirst du wahrscheinlich auch nicht studieren. Wir müssen wieder genau hinzusehen lernen. Und genau hinzusehen bedeutet auch zu sehen, wer Hilfe braucht.

Wenn Integration scheitert, hat das nichts mit Herkunft zu tun, sondern mit den sozialen Umständen auf der einen und der Einstellung der einzelnen Menschen auf der anderen Seite. Die Einstellung der Einzelnen lässt sich leicht zum Positiven beeinflussen, wenn wir ihnen auf positive Weise gegenübertreten.

Die erste große Chance der Integration wurde vor 45 Jahren versäumt, weil die Gastarbeiter nicht erwünscht waren. Die Migranten der ersten Generation wurden im Stich gelassen. Sie bekamen keine Sprachprogramme wie etwa die Russlanddeutschen, die von der konservativen Kohl-Regierung einen ethnischen Bonus bekamen. Die Migranten aus den muslimischen Ländern haben nie das Gefühl bekommen, dazuzugehören. Das wurde versäumt, und dieses Versäumnis wird in den Familien als Erfahrung weitergegeben. Die Jungen wachsen in Elternhäusern auf, deren Väter sich bei VW, Opel und Conti kaputtgearbeitet haben, aber es wurde ihnen nicht gedankt. Die Kinder der Gastarbeiter sind dennoch eine dankbare Generation. Das Kämpferische entwickelt sich erst in den Generationen danach, wenn junge Leute das Gefühl haben, ausgeschlossen zu werden.

Ich erlebe an meinen Neffen und Nichten, dass sie schlechtere Integrationsangebote bekommen haben als ich, obwohl sie schon der nächsten Generation angehören. In ihrem Kindergarten wurde nicht Deutsch wie bei mir, sondern Kurdisch gesprochen, weil es mehr Kinder aus kurdischen Elternhäusern gab. Sie haben schlechter Deutsch gelernt als ich und hinken von Kindesbeinen an hinterher. Sie können mit Kulturkonflikten nicht umgehen und haben kein Selbstbewusstsein entwickelt. Das macht mich traurig. Das sind sehr oft sensible Kinder, die aber weder hier zu Hause sind noch in den Herkunftsländern ihrer Eltern und Großeltern. Unsere Lebenswirklichkeit macht das alles nicht einfacher. Da liegt das Smartphone neben dem Bett, und die Jugendlichen sind noch um vier Uhr morgens online.

Diese Kinder gehen oft in Schulen, in denen es viele Kinder gibt, die schlecht oder wenig Deutsch sprechen. Das Ergebnis ist, dass manche Kinder schlechter Deutsch sprechen als ihre Eltern. Man kann es deutschen Eltern nicht verdenken, wenn sie ihre Kinder nicht auf solche Schulen schicken wollen. Das heißt aber nicht, dass sie versuchen sollten, ihre Kinder nur unter ihresgleichen aufwachsen zu lassen. Das ist auch eine Form von Integrationsverweigerung, die den Kindern eine wichtige Erfahrung vorenthält. Zu lernen, mit Menschen aus anderen Kulturen klarzukommen, das Leben von Menschen kennenzulernen, die mit wenig Einkommen auskommen müssen, konfliktfähig zu sein und die Fähigkeit zu erwerben, sich mit den richtigen Argumenten durchzusetzen – das alles sind inzwischen Soft Skills, also weiche Fähigkeiten, die in unserer Gesellschaft und am Arbeitsplatz gefragt sind. Das sind zusätzliche Kompetenzen, die intelligente Kinder aus Zuwandererfamilien einsetzen, wenn sie sich nicht als Opfer definieren. Und es sind Kompetenzen, die Kinder aus herkunftsdeutschen Familien produktiv einsetzen können. Es sind Kompetenzen, die sie anderen voraushaben.

Viele Eltern aus der deutschen Mittelschicht glauben, ihre Kinder würden nur weiterkommen, wenn sie unter ihresgleichen aufwachsen. Das ist falsch. Deutsche Eltern, die ihre Kinder zu sehr von der Realität abschirmen, benachteiligen sie. Dort, wo sich die Milieus vermischen, haben sowohl Migrantenkinder als auch deutsche Kinder etwas davon. Bestimmte biografische Erfahrungen und Mehrsprachigkeit sind heute ein Wettbewerbsvorteil. Es ist nicht nur unsere Aufgabe, Kinder mit Migrationshintergrund durch unser Schulsystem zu integrieren, sondern auch herkunftsdeutsche Kinder auf das Leben in einer Einwanderungsgesellschaft vorzubereiten. Doch die Politik lässt sich allzu oft vom richtigen Kurs abbringen.

Der Berliner Bezirk Mitte ist aus der Fusion des alten Ost-Berliner Bezirks Mitte und Teilen des alten West-Berliner Bezirks Wedding entstanden. Der ehemalige Ostteil von Mitte ist eine aufstrebende innerstädtische Gegend. Die Häuser sind inzwischen renoviert, die Mieten steigen ständig. Mitte ist beliebt bei weißen, deutschen Mittelklassefamilien. Der Wedding dagegen ist immer der ärmste der Berliner Bezirke gewesen. Er ist stark von Migranten geprägt. Im neuen fusionierten Bezirk Mitte wurde vor einigen Jahren die sogenannte Sprengellösung eingeführt. Kinder wurden nicht in die ihnen nächste Grundschule geschickt, sondern in eine der Schulen im Sprengel. Die Sprengellösung hatte zum Ziel, Schüler aus sozial schwachen mit solchen aus wohlhabenden Nachbarschaften zusammenzubringen. Weil aber zu viele Eltern gegen die Einschulung ihrer Kinder in eine Schule jenseits des Mauerstreifens geklagt hatten, der heute nicht mehr Ost und West, sondern wohlhabende und ärmere Nachbarschaften trennt, wurde dieses Projekt 2015 wieder aufgegeben. Die Politik hat sich von einzelnen Eltern davon abbringen lassen, das Richtige zu tun.

Wenn man Kinder in der Schule segregiert, macht man dieselben Fehler wie vor 45 Jahren, als man die Gastarbeiter nicht integriert hat. Denn die Ghettobildung, die man heute beklagt, ist das Ergebnis von Segregation. Wenn man die Leute sich selbst überlässt, werden sie sich auch selbst egal. Dass die Politik nicht aktiv gegen so eine Form von Segregation in der Schule vorgeht, ist symptomatisch. Da wünsche ich mir mehr Durchsetzungswillen seitens der Politik und die Formulierung eindeutiger Regeln.

Dass es diese Regeln nicht gibt, ist eine weitere Folge davon, dass wir bis 2004 noch nicht einmal den Willen formuliert haben, eine Einwanderungspolitik, die diesen Namen auch verdient, in Gang zu setzen. Angesichts der vielen Flüchtlinge und Migranten, die nach Deutschland kommen wollen, müssen wir ein Einwanderungsgesetz auf den Weg bringen und Regeln formulieren. Ein solches Gesetz würde auch den bereits hier lebenden Migranten zeigen: Ihr seid angekommen, wir kümmern uns um euch! Nicht wahrgenommen zu werden ist viel schlimmer, als gefordert und kritisiert zu werden.

German Dream statt *German Angst*

Wir alle spüren heute, dass wir große Herausforderungen zu meistern haben. Viele Flüchtlinge sind im vergangenen Jahr nach Deutschland gekommen. Durch den Zuzug wird sich unsere Gesellschaft rasant verändern. Viele Menschen reagieren darauf mit Zuversicht: Sie stellen sich den praktischen Aufgaben, die sie vor sich sehen. Viele andere haben Angst. Manche fragen sich, ob Deutschland diese vielen Menschen integrieren kann und ob sie selbst angesichts vielfältiger Krisen ihren Lebensstandard werden halten können. Viele Deutsche haben Angst vor Krieg und Terror. Väter und Mütter schlafen schlecht, weil sie sich fragen, in welche Gesellschaft sie ihre Kinder entlassen. Angst macht eine Gesellschaft unruhig.

Laut einer repräsentativen Umfrage, die im Dezember 2015 von der Meinungsforschungsgesellschaft GfK im Auftrag der Hamburger Stiftung für Zukunftsfragen durchgeführt wurde, blicken 55 Prozent der Deutschen besorgt in die Zukunft. Bei vergleichbaren Umfragen in den Jahren zuvor war die Zahl der Pessimisten in Deutschland noch deutlich niedriger gewesen. Damals bezeichnete sich nur ein knappes Drittel als ängstlich. Die sprichwörtliche *German Angst* scheint also zurück zu sein. Die Forscher fragten zwar nicht, wovor genau sich die Befragten fürchteten, aber sie fanden heraus, dass fast 80 Prozent erwarteten, dass die wirtschaftlichen Probleme Deutschlands größer würden. Auch andernorts in Europa geht die Angst um: Ulrich Reinhardt, wissenschaftlicher Leiter der Stiftung für Zukunftsfragen, glaubt, dass der Rechtstrend bei Wahlen in Polen, Frankreich, Ungarn, Österreich, Schweden, Großbritannien, Dänemark oder der Schweiz auf die große Verunsicherung der Bevölkerung zurückzuführen ist, »die Angst um den eigenen Wohlstand hat, sich vor Überfremdung fürchtet und nationale Interessen in den Vordergrund stellt«.

Angst zu haben ist nichts Schlechtes. Angst kann unsere Sinne schärfen und uns deutlich machen, dass wir handeln müssen. Zum Problem wird die Angst erst, wenn sie uns lähmt, wenn sie uns die Welt nicht klarer, sondern nur noch verschwommen sehen lässt. Wir dürfen der Angst nicht erliegen, wir dürfen nicht gelebt werden. Wir müssen lernen, mit konkreter Bedrohung und diffuser Angst gleichermaßen umzugehen und Haltung zu bewahren. Um vernünftig an die Probleme herangehen zu können, die sich uns stellen, müssen wir versuchen, sie möglichst nüchtern zu beschreiben.

Schauen wir der Realität also besonnen ins Auge: Über die Flüchtlingsrouten kommen Menschen zu uns, von denen wir nicht wissen, was sie denken, was sie glauben und wofür sie stehen. Ein jeder von ihnen führt unsichtbares Gepäck mit sich. Damit meine ich keine versteckten Waffen oder Sprengstoff, sondern jenes Bündel von Überzeugungen und Werten, das bewusst oder unbewusst jeden einzelnen Menschen prägt. Mit diesem Gepäck müssen wir uns auseinandersetzen. Vor allem müssen wir sehr genau differenzieren: Manche Flüchtlinge, die zu uns kommen, sind gebildet, manche sind es nicht. Manche haben moderne Vorstellungen von Ehe und Familie, von der Gleichberechtigung der Geschlechter, manche denken sehr traditionell. Wir dürfen die Menschen weder von vornherein verdächtigen oder gar kriminalisieren, noch sollten wir so tun, als würde es keine Rolle spielen, was sie über unsere Werte denken und welche kulturellen Prägungen sie mitbringen.

Wie wichtig das ist, hat sich in der Silvesternacht 2015 in Köln gezeigt. Es war falsch, dass die Kölner Polizei aus Rücksicht auf die möglichen Folgen anfangs die Herkunft der Täter verschwieg. Der iranisch-deutsche Autor Navid Kermani hat recht, wenn er sagt: »Wenn man es richtig dicke haben will, dann tut man erst so, als gäbe es ein Schweigegebot, und dann sticht man es an die Medien durch.« Die Polizei ist durch die Tabuisierung von Problemen in die »Multikulti-Falle« geraten. Wenn Polizisten in Einsatzberichten den Hintergrund von Tätern thematisieren und Medien darüber berichten, greifen Rassisten das sofort auf, um alle Migranten zu kriminalisieren. Andererseits bekommt die Mitte der Gesellschaft durch das Schönreden das Gefühl, die Politik verweigere sich der Realität.

In dieser schwierigen Situation hilft nur, die Probleme beherzt anzusprechen: Das spezifische Verhalten der Täter von Köln lässt sich nicht völlig losgelöst von ihrer Herkunft verstehen, weil wir davon ausgehen müssen, dass sie so handeln, weil sie bestimmte Frauenbilder verinnerlicht haben. Frauen, die sich westlich kleiden, wurden angegriffen. Diese Frauen gelten vielen Männern aus traditionell geprägten Gesellschaften als Huren, weil sie sich nicht so züchtig kleiden, wie das Frauenbild dieser Männer es verlangt. Wer keine langen Röcke trägt und sein Haar verschleiert, zeigt sich für diese Männer als unmoralische Person, die sexuelle Übergriffe herausfordert. Es wäre zu kurz gedacht, solche Übergriffe auf rein kriminelle Akte, auf eine Kombination von Raub und einer Demonstration männlicher Macht zu reduzieren. An ihnen wird auch eine Verachtung unserer offenen Werte deutlich, insbesondere des Rechts der Frauen auf Selbstbestimmung, das einschließt, dass sie sich so kleiden dürfen, wie sie möchten.

Wir müssen aufhören, das Problem zu relativieren mit Sätzen wie: »Deutsche machen das auch.« Richtig ist: Sexuelle Gewalt ist sexuelle Gewalt, egal von wem sie ausgeübt wird. Auch in der deutschen Gesellschaft gibt es Sexismus und sexuelle Gewalt, die allzu oft beiseitegeschoben oder nicht beachtet wird, zum einen weil diese Gewalt meist in der eigenen Familie oder im Bekanntenkreis stattfindet und damit unsichtbar bleibt, zum anderen schlicht deswegen, weil die Opfer in den überwiegenden Fällen Frauen sind. Ja, auch herkunftsdeutsche Männer üben sexuelle Gewalt aus, aber sie äußert sich auf dem Oktoberfest eben nicht so wie zu Silvester am Kölner Hauptbahnhof. Auf dem Oktoberfest versammeln sich nicht Männer zu Hunderten, um dann aus dieser Masse heraus gruppenweise Frauen zu bedrängen. Aber die Silvesternacht darf auch nicht dazu führen, junge männliche Flüchtlinge pauschal als potenzielle Vergewaltiger zu diffamieren. Empörte Flüchtlinge, vor allem aus Syrien, haben in Köln gegen Sexismus und sexuelle Gewalt demonstriert. Sie haben deutlich gemacht, dass ihnen solches Verhalten genauso fremd ist wie uns.

Die Ereignisse in der Silvesternacht konnten so viel Unruhe säen, weil Angela Merkels Politik seit September 2015 viele Menschen verunsichert hat. Das Beharren der Bundeskanzlerin auf unserer Pflicht, in Not geratenen und verfolgten Menschen zu helfen, ist richtig, aber es verträgt sich für viele Leute nicht mit dem, was sie als ihre Lebenswirklichkeit wahrnehmen. Dazu gehören auch Jugendliche aus Einwandererfamilien, die nicht integriert sind und etwa ihre Mitschüler als »Scheißdeutsche« beschimpfen. Ich kann verstehen, dass Menschen, die etwas zu verlieren haben und sich um ihre Kinder sorgen, Angst vor einer Einwanderungswelle haben, deren Rahmenbedingungen nicht definiert sind. Es ist richtig, den Flüchtlingen zu sagen, dass sie dazugehören, aber die Politik darf die Deutschen dabei nicht vergessen. Dieses Manko äußert sich in der immer wieder zu hörenden Frage von Bürgern: »Und was ist mit uns?«

Migration wird auch deshalb als Bedrohung empfunden, weil wir sie bislang nur in stetig wachsenden Zahlen fassen können. Doch die Diskussion über mögliche Obergrenzen und Grenzzäune geht an der Wirklichkeit vorbei. Das Gefühl der Unsicherheit, das sich in weiten Teilen der Bevölkerung breitmacht, kann nur eingedämmt werden, wenn die Politik endlich klare Entscheidungen trifft, wie

Flüchtlingspolitik aktiv gestaltet werden soll. Dazu gehört auch, ein Einwanderungsgesetz zu formulieren und zu verabschieden. Die fremdenfeindlichen Anschläge, die inzwischen Alltag geworden sind, gedeihen besonders gut auf dem Boden der Unsicherheit, auch wenn viele der Täter schon vorher rassistische Ideologien verinnerlicht haben.

Die derzeit drängendste Frage ist: Wer soll in unserem Land Aufnahme finden? All denen, die Zuflucht und Schutz vor Verfolgung suchen, dürfen wir nicht die Tür weisen. Auch hier hat die Kanzlerin recht: Das Grundrecht auf Asyl kennt keine Obergrenze. Im Falle der Syrer würden ihr sehr viele Deutsche vermutlich gar nicht widersprechen. Die meisten Bürgerkriegsflüchtlinge haben einen hohen Bildungsgrad, oft handelt es sich um Akademiker, eher säkular orientiert. So wie der syrische Arzt, der seine Familie nachholt und dessen Kinder schon nach einem Jahr fließend Deutsch sprechen. Viele syrische Flüchtlinge zeichnet ein großer Bildungsehrgeiz aus. Die Aussichten sind gut, dass die meisten von ihnen erfolgreiche Integrationsgeschichten schreiben werden.

Was aber ist mit den Hunderttausenden, die sich aus den von Krieg und Perspektivlosigkeit geprägten Staaten Afrikas oder den verarmten Regionen Südosteuropas auf den Weg machen? An einer klugen Antwort auf diese Frage wird sich die deutsche Einwanderungspolitik in den nächsten Jahren messen lassen müssen.

Am gefährlichsten für unsere Rechtsordnung erweisen sich aber aus meiner Sicht gar nicht die Flüchtlinge, sondern die Menschen, die zwar hier geboren, aber sich von dieser Gesellschaft entfernt haben. Das Gedankengut, das diese Extremisten dazu bewegt, in Syrien zu kämpfen, Menschen zu köpfen, Frauen zu versklaven und zu verkaufen, haben sie sich in Deutschland zu eigen gemacht. Hier haben sie sich zu tickenden Zeitbomben entwickelt. Und nicht jeder IS-Sympathisant schließt sich dem Kampf in Syrien und Irak an. Viele bleiben hier und verbreiten ihr mörderisches Gedankengut auch hier gezielt weiter. Es gibt derzeit leider nur einige wenige Bundestagsabgeordnete, die sich diesem Problem widmen.

Ich fühle mich bedroht, wenn Salafisten den Koran in der Fußgängerzone verteilen. Meiner Meinung nach gehört der Koran in die Moschee wie die Bibel in die Kirche. Das Verteilen von Bibel und Koran wird von unserer Verfassung geschützt. Das Grundgesetz schützt unsere Freiheiten: Jeder hat das Recht auf eine freie Entfaltung seiner Persönlichkeit, soweit er nicht die Rechte anderer verletzt und nicht gegen die verfassungsmäßige Ordnung verstößt. Die Freiheit des Glaubens, des Gewissens und die Freiheit des religiösen und weltanschaulichen Bekenntnisses sind nach dem Grundgesetz unverletzlich. Jeder hat das Recht, seine Meinung in Wort, Schrift und Bild frei zu äußern und zu verbreiten. Wenn aber bei Verteilaktionen des Korans gleichzeitig Kämpfer für den »Islamischen Staat« rekrutiert werden – wie das nachweislich geschehen ist –, wird die Religionsfreiheit missbraucht. Gegen solche Missstände müssen wir ankämpfen. Warum dulden wir Propaganda für den IS und lassen zu, dass dieser erfolgreich junge Menschen rekrutieren kann?

Jesidische Flüchtlinge haben mir erzählt, ihnen machten die bärtigen Männer Angst, die sie manchmal in Deutschland zu Gesicht bekommen. Es gibt salafistische Gruppen, die vor Flüchtlingsheimen neue Anhänger rekrutieren wollen. Wir wissen von Verbindungen zwischen radikalen Salafistenpredigern und dem »Islamischen Staat«. Die meisten Salafisten hängen zwar einer fundamentalistischen Auslegung des Islam an, sind aber friedlich. Ich habe den Flüchtlingen geantwortet: »Macht euch keine Sorgen, das sind keine IS-Kämpfer.« Die jesidischen Flüchtlinge aber ließen sich nicht beruhigen: »Sie sind genauso angezogen, sie sehen genauso aus, und sie sehen uns genauso an!« Als Bürgerin dieses Landes kann ich ihnen kein Gefühl von Sicherheit vermitteln, sie fühlen sich auch hier bedroht. Das ist traurig.

Die Treue zur demokratischen, republikanischen Ordnung wird in Deutschland kaum thematisiert oder gar abgefragt. Gern lächelt man über den Nationalstolz französischer oder amerikanischer Prägung. Stattdessen überlässt man die Leute den in ihren Familien gepflegten Werten, die oft aus den Herkunftsländern mitgebracht wurden, in denen es keine Demokratie gab, in denen individuelle Rechte keine Rolle spielen. Das ist ein Problem. Wir müssen Flüchtlingen und Einwanderern unsere Werte deutlich machen. Ganz oben auf der Agenda muss dabei unser Grundgesetz stehen. Die ersten 19 Artikel des Grundgesetzes sind nicht verhandelbar. Wer sich daran hält, hat auch kein Integrationsproblem. Das Grundgesetz ist das beste Integrationsgesetz, das man sich vorstellen kann. Wir müssen versuchen, die Menschen, die zu uns kommen, möglichst schnell mit unseren demokratischen Werten, mit Ideen wie der Religionsfreiheit, der Meinungsfreiheit und den Menschenrechten, aber auch der Gleichberechtigung von Mann und Frau vertraut zu machen.

Ein Sozialpädagoge, der in einem Heim für unbegleitete Jugendliche arbeitet, erzählte mir im Vertrauen, manche der männlichen Flüchtlinge legten ein Paschaverhalten an den Tag. Sie weigerten sich, als weiblich geltende Tätigkeiten zu übernehmen, also etwa ihr Geschirr selbst abzuspülen. Das könne man aber nicht an die große Glocke hängen, weil es sonst nur Ärger gebe. Deswegen gelten in vielen Flüchtlingsheimen klare Regeln, die es den Flüchtlingen ermöglichen sollen, bei uns anzukommen. Wenn den Flüchtlingen gesagt wird, ihr seid hier in einem Land, in dem die folgenden Regeln gelten, reicht das schon, um einen ersten, aber sehr wichtigen Schritt zu gehen. Aber diese Regeln müssen formuliert werden.

Es gibt in Flüchtlingsheimen Auseinandersetzungen zwischen Angehörigen verschiedener Religionen und Nationen. Immer wieder kommt es vor, dass sich Christen oder Jesiden rechtfertigen müssen. Mancher Neuankömmling fragt zunächst nach dem Gebetsteppich und erst dann nach dem Deutschkurs. 99 Prozent der unbegleiteten jugendlichen Flüchtlinge in dem bereits erwähnten Heim waren Muslime. Einer war Jeside. Die Muslime beteten gemeinsam, der Jeside war still. Dieses Bild hinterließ ein zweispältiges Gefühl in mir, es prägte sich mir ein. Mich störte weniger die Tatsache, dass diese jungen Männer gläubig sind, als vielmehr der Umstand, dass ihre Religionsausübung zu dem zentralen Ereignis in ihrer Unterkunft wird, dass es zum Wichtigsten wird, das dort abläuft. Viele Migranten kommen heute nach Europa, weil sie als religiöse Minderheiten unterdrückt wurden, auch deshalb ist Religion im öffentlichen Raum problematisch. Aber sogar das Trauma der religiösen Unterdrückung, das viele Flüchtlinge selbst erlitten haben, führt nicht bei allen dazu, dass sie sich für die demokratischen Werte öffnen.

Wir müssen uns mit den Menschen beschäftigen, die zu uns kommen. Wir müssen sie fragen, was sie denken, und ihnen unsere demokratischen Werte nahebringen. Einwanderung ist nicht selbsterklärend, Einwanderung muss gelehrt und gelernt werden. Das ist eine Aufgabe für die ganze Gesellschaft, nicht nur für diejenigen, die kommen, sondern auch für diejenigen, die schon lange da sind.

Die Mehrheit der Gesellschaft ist hier längst klarer als die Politik. Hunderttausende engagieren sich ehrenamtlich, um Flüchtlingen Hilfe zu leisten. Sie setzen damit ein Zeichen für Menschlichkeit und gegen fremdenfeindliche Propaganda. Die viel beschworene Willkommenskultur wird von den Bürgern getragen, nicht von der Politik. Sie haben begriffen, dass es den Staat offensichtlich überfordert, wenn sie von ihm verlangen, dass er bitte alle Bürger integrieren soll. Ich werfe dem deutschen Staat aber vor, dass er nicht die Bedingungen geschaffen hat, die den Migranten die Möglichkeit geben, sich zu integrieren. Integration kann nicht der Staat organisieren, Integration müssen wir als Migranten und als Gesellschaft leisten. Um ein konkretes

Beispiel zu nennen: Der deutsche Staat bringt in IS-Gefangenschaft vergewaltigte Frauen in Sicherheit. Er hat damit seine Aufgabe erfüllt. Aber für die Integration dieser Frauen sind diese dann selbst zuständig, und selbstverständlich auch wir als Gesellschaft.

Hier ergibt sich auch eine Aufgabe für uns, die neuen Deutschen, die beide Welten kennen. Diejenigen mit Zuwanderungsgeschichte müssen Flüchtlingen und Zuwanderern die Hand reichen und sagen: Ich helfe dir bei der Integration. Ich bin dir vielleicht nicht so fremd wie die Deutschen, aber ich bin auch ein Teil von ihnen. Den hierher Zugewanderten und ihren Kindern, Menschen wie mir, kommt damit eine ganz neue Aufgabe und Verantwortung in diesem Land zu. Wir sind der lebende Beweis dafür, dass die Integration der vielen Flüchtlinge funktionieren kann.

Wenn ich nach Stuttgart fahre, um eine jesidische Frau zu interviewen, deren Sohn als Kindersoldat vom IS missbraucht wurde, fahre ich dort als Journalistin hin. Ich leiste zugleich aber Integrationsarbeit, wenn ich diese Mutter zum Arzt begleite und ihm erkläre, dass die arme Frau keine Schmerzen hat, wenn sie sagt, ihr Kopf tue weh, sondern dass sie unter Depressionen leidet. Wir Zugewanderten aus der Türkei und den arabischen Ländern sind in zwei sehr unterschiedlichen Welten aufgewachsen, zwischen denen man manchmal übersetzen muss.

Die Zugewanderten können Teil einer Antwort auf die bösen Zwillinge des Extremismus sein, aber dafür muss man sie auch lassen. Zugleich müssen sie selbst diesen Anspruch formulieren. Sie müssen offensiv darauf bestehen, zu dieser Gesellschaft zu gehören. Viele träumen von einem besseren Leben in Deutschland, einem demokratischen Rechtsstaat. Die deutsche Blue Card ist die beliebteste nach der US-amerikanischen Green Card. Was spricht dagegen, Deutschland zum attraktivsten Einwanderungsland der Welt zu machen?

Die Neuankömmlinge sind hungrig auf ein besseres Leben. Sie kämpfen um Bildung und Wissen, und sie leben uns damit auch etwas vor. Ohne Selbstverantwortung geht es nicht mehr. Die vielen Menschen, die in unser Land kommen, werden uns in einen stärkeren Wettbewerb zwingen. Jede Biografie, unabhängig von der Herkunft, wird in Zukunft scheitern, wenn sie nicht den Gedanken der Selbstverantwortung verfolgt. Die Generation der Erben, die unverdient weitaus bessere Chancen als der Rest der Gesellschaft hat, sollte diesen Gedanken verinnerlichen. Stattdessen äußert sie in ihrer Verlustangst den Wunsch, dass alles so bleiben möge wie bisher.

Die Deutschen sollten es als Kompliment betrachten, dass so viele Migranten und Flüchtlinge ihren deutschen Traum verfolgen. Diese Menschen zeigen uns, was wir uns selbst vielleicht nicht oft genug sagen: dass wir in einem wunderbaren Land leben, in dem alte und neue Deutsche meist gut zusammenleben und gegenseitig voneinander lernen können. Wenn wir definieren, wie Einwanderung gestaltet werden soll, dann werden diejenigen zu uns kommen, die in Deutschland mit uns etwas erreichen wollen. Der *German Dream* ist stärker als die *German Angst*. Damit der Traum in Erfüllung gehen kann, müssen alte und neue Deutsche weiter gemeinsam daran arbeiten. Unsere Aufgaben sind groß. Deswegen müssen wir auch groß denken. Groß zu denken heißt für den Einzelnen, von Kindesbeinen an daran zu glauben, dass man nach den Sternen greifen kann. Groß zu denken heißt für die Gesellschaft, den Einzelnen das Gefühl zu vermitteln, dass es diese Möglichkeit gibt. Groß zu denken heißt zu sagen: Das kann ich, und das schaffe ich. Groß zu denken heißt auch, nicht hinzunehmen, wenn mir jemand sagt, dass es in diesem Land irgendetwas gibt, das ich nicht schaffen kann, und wenn es Bundeskanzlerin ist. Dieses Denken müssen wir den Kindern vermitteln, egal woher sie kommen. Ob das Achmed Schachbrett ist, der Turbotürke oder das Mädchen mit kurdischen oder polnischen Eltern. Die Frage, warum junge Migranten in Parallelwelten abdriften, hat mich schon immer beschäftigt. Die Mehrheitsgesellschaft hingegen hat sich für diese Jugendlichen viel zu wenig interessiert. Wenn wir aber das Abdriften ganzer Gruppen verhindern wollen, dann müssen wir schon den Kindern das Gefühl geben, dass ihnen in dieser Gesellschaft alle Möglichkeiten offenstehen. Jeder muss in dieser Gesellschaft unabhängig von Geschlecht, Herkunft, Hautfarbe und Religion alle Möglichkeiten haben. Wir dürfen aber nicht dabei stehen bleiben, dieses Gefühl zu vermitteln, so wichtig das auch ist. Wir müssen diese Haltung vorleben und den Kindern zeigen, dass jeder dieselben Chancen hat. Tatsächlich aber bekommen Schüler von manchen Lehrern zu hören: Du kannst einpacken. Aus dir wird eh nichts. Das löst etwas aus bei Menschen. Kinder merken sehr wohl, wenn unterschieden wird zwischen »Einheimischen« und »Ausländern«. Kinder sind wach und sensibel, und sie spüren Ungleichbehandlung ganz genau. Der *German Dream* lebt von Vorbildern, und mit ihm ist ein Patriotismus verbunden, der sich nicht an der Herkunft der Deutschen, sondern an gemeinsamen Werten festmacht. Dass dieser Traum eines Tages Wirklichkeit wird, dafür lebe ich.

Schluss: Vom Ich zum Wir

Angst zu verbreiten ist in diesen Tagen zu einem geläufigen Mittel der Politik geworden. Wir müssen uns daher damit beschäftigen, wie wir mit unseren Ängsten umgehen. Denn die Angst soll uns daran hindern zu sagen, was wir sagen wollen.

Ich bekomme Hassmails und sogar Todesdrohungen von muslimischen Hardlinern, nur weil ich meine Meinung vertrete. Es gibt in Deutschland Anhänger der türkischen stark muslimisch geprägten Regierungspartei AKP, die nicht Joachim Gauck meinen, wenn sie von ihrem Präsidenten sprechen, sondern Recep Tayyip Erdoğan. Solche Menschen beschimpfen mich aggressiv auf Facebook. Sie greifen mich an wegen meiner Haltung zum Krieg in Syrien und im Irak. Es gefällt ihnen nicht, dass ich Menschenrechtsverletzungen in der Türkei anspreche und Präsident Erdoğans Politik kritisiere, der die Kurden bekämpft, aber den »Islamischen Staat« gewähren lässt. Unter den Absendern dieser Hassbotschaften sind auch Juristen und andere Akademiker – woran man einmal mehr erkennt, dass Bildung allein noch nicht die Akzeptanz freiheitlicher Werte garantiert.

Auch dass der Salafistenprediger Pierre Vogel mir »Hass auf den sunnitischen Islam« unterstellt, lasse ich mir nicht gefallen. Wer sind die Muslime, auf die Vogel sich ständig beruft? Sind das meine besten Freunde, die Menschen, mit denen ich aufgewachsen bin? Sind Vogels Muslime diejenigen, die in diesem Augenblick im Irak unter Einsatz ihres Lebens das Leben der Jesiden verteidigen, weil ihnen das Leben aller Menschen heilig ist?

Ich fühle mich aber nicht nur durch radikale Muslime, sondern auch durch das Treiben rechter Populisten und sogenannter besorgter Bürger bedroht. Diese Leute sagen mir ins Gesicht, dass ich in »ihrem« Land nichts zu suchen hätte. Obwohl ich in Deutschland geboren und aufgewachsen bin, gelte ich ihnen als »Ausländerin«, weil meine Eltern kurdische Jesiden sind. So wie mir geht es heute vielen Menschen. Journalisten werden bedroht, weil man sie für »Ungläubige« hält oder der »Lüge« bezichtigt, obwohl sie nichts anderes machen als ihre Arbeit.

Wenn aber Menschen wegen der Herkunft ihrer Eltern, ihrer Hautfarbe oder ihrer Religion bedroht werden, sind die Menschenrechte massiv bedroht. Wenn Journalisten verbal verunglimpft und körperlich attackiert werden, ist die Meinungsfreiheit bedroht. Dann ist Deutschland auch als demokratisches, pluralistisches Land bedroht. Es bereitet mir Sorge, dass wir heute in einer Welt leben, in der Herkunft und Religion wieder eine derart wichtige Rolle spielen. Haben wir als Gesellschaft nicht lange genug darum gekämpft, dass sich das endlich ändert? Manchmal sagen mir deutsche Freunde: »Gut, dass du das sagst, wir trauen uns das nicht.«

Ich bin als Schülerin ermutigt worden, von meinem Recht auf Selbstbestimmung Gebrauch zu machen und meine Meinung kundzutun. Das Gefühl, schweigen zu müssen, ist keine Grundlage für eine Demokratie. Ich möchte nicht in einer Angstgesellschaft leben, in der man lieber den Mund hält, statt Probleme offen anzusprechen und seine Befürchtungen zu äußern.

Dass wir ein wachsendes Problem mit Extremisten haben, zeigt auch der Hass auf Politiker. Die Aggressivität gegen die Repräsentanten unserer demokratischen Ordnung ist groß. Die Kölner Oberbürgermeisterin Henriette Reker wurde im vergangenen Jahr von einem Mann mit einem Messer angegriffen, der glaubte, Reker habe das Land »verraten«. Martin Bachmann rettete ihr und vier weiteren Menschen durch sein beherztes Eingreifen das Leben. Er sagte dazu: »Ich bin wegen Demokratie und Freiheit nach Deutschland gekommen und engagiere mich, um diese Werte zu verteidigen. Ich kann nicht fassen, dass es hier bei uns Leute gibt, für die diese Werte nichts zählen. Wir müssen wachsam sein.« Martin Bachmann, ein Taxiunternehmer aus Köln, ist kurdischer Abstammung, er kam vor mehr als 30 Jahren als politischer Flüchtling nach Deutschland. Vielleicht ist es Zufall, dass ausgerechnet er dem Attentäter in den Arm fiel, aber seine Geschichte liefert doch zugleich ein ermutigendes Beispiel: Ein Zugewanderter bringt sich und sein eigenes Leben in Gefahr, um unsere Werte zu verteidigen. Hier zeigt sich einmal mehr, dass uns nicht die Herkunft trennt, sondern die Frage: Wofür stehst du?

Ich habe als Kind gespürt, dass wir als Fremde wahrgenommen wurden, obwohl ich mich selbst nie fremd gefühlt habe. Als Mädchen hat man es in dieser Hinsicht vermutlich leichter, Jungs treffen die Vorurteile der Mehrheitsdeutschen härter. Vielen Deutschen ist der »arabische Mann« an sich suspekt. Der iranischstämmige Künstler und Journalist Michel Abdollahi hat kürzlich in einem Beitrag für DIE ZEIT darauf hingewiesen, dass das Klischee vom türkischen Integrationsverweigerer seit den Ereignissen der Kölner Silvesternacht durch den »nordafrikanischen Syrer« Konkurrenz bekommt: Angst und Schrecken überall, das Bild vom Fremden wird weiter mit Hingabe kultiviert und gepflegt.

Man kann die Zugewanderten und ihre Kinder und Enkel aber nur in die Pflicht nehmen, wenn man ihnen vorher auch etwas angeboten hat. Oft hat das Gefühl des Fremdseins eine extreme Reaktion zur Folge. Manche Menschen verschließen sich, verlassen den engen Kreis der Familie und der eigenen Landsleute nicht mehr. Sie kommen nicht an. Auf der anderen Seite gibt es aber auch Menschen, die Fremdheit überwinden wollen, indem sie sich so stark assimilieren, dass sie deutscher als die Deutschen sein wollen. In diesem Spannungsfeld bewegt sich, was wir Integration nennen. Das eine wie das andere weist uns auf den Fehler hin, den die deutsche Gesellschaft bei der ersten Einwanderungswelle in den Sechzigern gemacht hat. Assimilation ist keine Lösung für die Probleme der Einwanderungsgesellschaft. Es kann aber auch nicht darum gehen, dass neue und alte Deutsche lediglich nebeneinanderher leben. Unser Ziel muss vielmehr sein, dass sich aus der Mischung etwas Neues ergibt, dass wir gemeinsam ein neues »Wir« formulieren. Wir müssen uns als neue und als alte Deutsche gemeinsam neu definieren. Auch deswegen wende ich mich gegen eine Opferhaltung, wie viele Migranten sie an den Tag legen. Wir müssen im Gegenteil sagen: Wir sind ein wichtiger Teil dieser Gesellschaft, ob ihr wollt oder nicht.

Derzeit hört man oft, die Flüchtlingskrise spalte die Gesellschaft. Und häufig sind diejenigen, die diese Spaltung beklagen, auch zugleich diejenigen, die sie stetig vorantreiben. Denn unsere Gesellschaft hat sich in den vergangenen Jahrzehnten in vielerlei Hinsicht positiv entwickelt. Und durch massenhafte ehrenamtliche Hilfe für Flüchtlinge rückt auch das deutsche Dorf zusammen. Man grüßt sich wieder, man sucht gemeinsam nach Lösungen für Menschen, die Hilfe benötigen. Auch das sind Werte, Werte der Nächstenliebe, die gerade neu formuliert und wieder mit Leben erfüllt werden. Es sind Werte, die vielleicht nicht explizit so im Grundgesetz stehen, die aber dennoch genauso wichtig für eine Gesellschaft sind.

Ich habe noch nie so viele glückliche Menschen gesehen wie während des vergangenen Jahres. Wenn Menschen etwas tun können, dann bekommen sie auch etwas zurück. Die gebende Hand wird niemals leer. Wir erfahren wieder neu, was wir fast schon vergessen hatten: Glück verdoppelt sich, wenn man es teilt. Aus einer Ansammlung von Individualisten wächst ein gemeinschaftliches »Wir«. Jemand sagte vor einiger Zeit, die Deutschen wüssten gar nicht so genau, wer sie sind. Die Flüchtlinge würden ihnen nun dabei helfen, sich selbst zu definieren. Ich finde das richtig beobachtet. Umgekehrt könnte man formulieren: Wir haben auch Angst vor dem Fremden, weil wir unsicher geworden sind, wer wir selbst sind und was wir wollen.

Deutschland ist bedroht, weil wir Angst haben. Das heißt aber nicht, dass dieses Land bedroht bleiben muss. Es gibt Menschen in Deutschland, die die Religion zum Maß aller Dinge machen wollen, die Menschen nicht nach ihrem Denken und Tun, sondern nach ihrer Herkunft bewerten. Außer Aggression und Angst haben sie uns wenig zu bieten. Wir müssen den Kampf gegen die Angstmacher aufnehmen. Haltung zeigen, Mut machen, Hoffnung geben. Denn dieser Kampf wird im Kopf jedes Einzelnen entschieden.

Dank

Mein größter Dank gilt meiner Familie, die mir ihr Vertrauen geschenkt hat und mich ermutigte, nicht nur meine eigene, sondern unsere jesidische Geschichte zu erzählen. Ich danke meiner Großmutter Äne Nise, deren unabhängiger Geist mir gezeigt hat, dass man auch als Frau ein »Löwe« sein kann. Ebenso danke ich meiner älteren Schwester Muhterem und meinem großen Bruder Tekin, die ihre eigenen Träume klein gehalten haben, damit die ihrer jüngeren Geschwister wachsen konnten. Ein besonderer Dank geht an meine Schwester Tezcan, die mir noch in den stressigsten Situationen den Rücken freigehalten und souverän all jene Dinge gemanagt hat, für die mir im Wirbel der Ereignisse keine Zeit blieb.

Darius war und ist immer für mich da. Seine Wortfindungen von der »anderen Seite« haben mich inspiriert und meinen Gedanken Schwung gegeben.

Die Idee zur Entstehung dieses Buches verdanke ich meiner Agentin Andrea Wildgruber. Für ihr großes Engagement bin ich ebenso dankbar wie für die Hartnäckigkeit, mit der sie unser gemeinsames Projekt verfolgt hat.

Von ganzem Herzen danke ich dem Berlin Verlag und seinen Mitarbeitern. Georg Oswald hat als Verlagsleiter schon an das Buch geglaubt, als es nur in Form von Gedanken in meinem Kopf existierte. Kristin Rotter hat das Ganze in eine klare Form gebracht und das Manuskript mit viel Empathie und Fingerspitzengefühl lektoriert. Kathrin Liedtke danke ich für ihre herzerwärmende Begeisterung, die sie nicht daran hinderte, zugleich einen kühlen Kopf und den Überblick zu bewahren. Markus Zwecker hat nicht nur großartige Pressearbeit geleistet, sondern auch hilfreiche und wichtige Hinweise zum Manuskript gegeben.

Ich danke Tom Zickler für eine Begegnung, die mein ganzes Leben verändert hat.

Meinem ehemaligen Lehrer Peter Richter verdanke ich meine Liebe zur Literatur. Hätte er mir nicht den Zugang zu Goethe, Kafka und Fontane verschafft, würde ich heute etwas vermissen.

Karl Mund ist für mich einer der besten Kenner des Jesidentums. Ihm verdanke ich viele kluge Anmerkungen und erhellende Gespräche zur Kultur und Geschichte meiner Religionsgemeinschaft.

Carsten Diercks danke ich für sein großes Herz, seine Nerven und seinen Rechtsbeistand. Er stand mir zu jeder Tages- und Nachtzeit hilfreich zur Seite. Seine Kompetenz und seine Erfahrung sind für mich von unschätzbarem Wert.

Ferry Pausch von der Deutschlandstiftung Integration hat mich von Tag eins an unterstützt, gefördert und – nicht zuletzt – während meiner Arbeit beherbergt.